李汉潮 著

由
仁
义
而
行

团结出版社
UNITY PRESS

图书在版编目（CIP）数据

由仁义而行/李汉潮著. --北京：团结出版社，
2017.9

ISBN 978-7-5126-5584-3

Ⅰ．①由… Ⅱ．①李… Ⅲ．①散文集－中国－当代
Ⅳ．①I267

中国版本图书馆CIP数据核字（2017）第227735号

出　　版	团结出版社	
	（北京市东城区东皇城根南街84号　邮编：100006）	
电　　话	（010）65228880　65244790	
网　　址	http://www.tjpress.com	
E-mail	65244790@163.com	
经　　销	全国新华书店	
印　　刷	三河市京兰印务有限公司	
装帧设计	成都天恒仁文化传播有限责任公司	
开　　本	170mm×240mm　　1/16	
印　　张	20	
字　　数	276千字	
版　　次	2017年9月第1版	
印　　次	2020年1月第2次印刷	
书　　号	ISBN 978-7-5126-5584-3	
定　　价	69.80元	

善良是野蛮人需要学习的，
善良的人需要学习的是力量。

目　录

第三章　决机于两阵之间的概念——《孟子》概念

第四章　由个体竞争而创造群体表现的概念——《道德经》概念

第五章　超越现在而真实的概念——《庄子》概念

第六章　存在与运动的哲学概念——《易经》概念

第七章　礼仪的力量概念

第八章　大同的动态概念

第九章　亲情的运动概念

第十章　突破的新概念——《中庸》概念与《大学》概念

第十一章　人性力量善的概念

第十二章　《道统》的概念

引　子

古人智珠在握，选择了儒学，这是人性情感的胜出。

人从野蛮中走来，人的形象不只是力量的强大，还有礼仪道德文化。

人性情感代表的是力量文明，而不单单是一份情感；礼义道德是力量的礼仪和道德，而不纯粹是一个礼貌或者什么品德；文化的含义是强大，而不在于写个字、画个画的风雅。

孔孟之道，是对外之道，圣人教化的是外人。

仁义礼智信是力量的超级形态，其中，礼仪是力量的组织机制，道德是有力量的人在行动中所应具备的品德。有力量才有礼仪威仪，有力量才有道德高尚，有力量才有人强大的形象。

于是，这里开创了人性力量的先河，而不是突出一份情感创造一个善良的人，或者一个好人形象。

是封建君主的私心在作祟，人为的篡改经典，混淆概念，以至于生活中的礼仪和道德，概念不清。人们只知道教育自己的孩子，封建君主只会教育自己的臣民，圣道的方向发生了改变……

情感成了封建统治的工具形式，只是对内：善良好人成了做人的准则，人们只会做一个安分守己的良民，而不是一个有力量的人。我们是礼仪之邦，但礼的概念只是一层一层的礼法，礼组织力量的功能消失了；我们是孝文化，但孝的概念只是表现了自家人之间的一些情感，只能停留的家里，人们面对陌生面对未知的激情意志没有了；我们是龙的传人，但却善良的犹如绵羊一样，毫无杀气……《孙子兵法》犹如一把匕首，但是没有人用，也只能是个摆设。

中国的概念是什么？严父慈母的概念是什么？兄弟姐妹的概念是什么？这一切的概念构成一个大的概念，那就是家。然而，家的概念是什么？

家的概念只是一个起步点，她向外输出力量，创造行动；中国的概念不是中间，而是中央，是力量的集聚地是行动的起点，他是新秩序的创造者；严父慈母兄弟姐妹的概念同样如此，他们是开始行动的机制，是人性情感的力量形式。

人们说回家，往往情感满满，但这个情感是要化作力量的。严父慈母兄弟姐妹的概念都是力量的概念，其中深深的情感是对外行动的情感，没有行动则就没家。中国的概念同样如此，没有强大的对外行动就没有中央的尊位。

这里所有的概念都是动态的，并组成一个有机的体系，那就是开始行动而不止步。

封建君主有意识地把家的概念教育成归宿地，人们只是待在家里，尊卑有序。

这是一个静止的状态，人与人之间的情感礼仪道德的概念，变了味道。情感成了工具，礼仪只是一些繁文缛节，道德则是尊卑的道德。尽管人们心里有一个天理良心的大观念，但是与力量相脱离，同时与行动相脱离，人们就没有对外的意识。

家天下，是以天下为家，这是一个无限动态的概念。然而，封建的一朝一代的更替，换汤不换药，力量的机制不能持续运作，反而被人为地限制。以至于，封建王朝突不过"三百年"这道坎，日常生活突不过"富不过三代"这道坎。

经济的贫乏，力量意识的缺少，所导致的是愚昧，这不是孔孟之道。

直至公元 1949 年，新文化运动推翻了封建世袭的王朝时代，恢复其天下大道的运作方向，继承了五千年强劲不息的步伐。

生活的概念清晰而明确，那就是力量。于是，大道行焉，天下为公。

人们在新的力量运作之中，重新认识自己，重新认识文化。孔子是一名武士，仁义道德是力量文明，而善良的概念不只是让自己人善良，还要使别人善良。

我们的文化是龙文化，我们的教育是力量教育，从我们的学校毕业的孩子都应该是一名猎人。

第一章　中国概念

　　"中"字，许慎《说文解字》曰："云下上通者，谓中直或引而上或引而下皆入其内也。"

　　那么，"中"的概念就是由下而上，而对外；其内在的机制是贯通一致融会八方，它创造新的力量作用；外在的意义是表现突出，带动前后左右，即最直接最迅速最强大。

　　这是一个动态的概念，它的行为是突出，再突出，而突破。由于是持续行为，还可以理解成突破点核心点运动点，事实上就是一个起步点。

华　夏

　　大约五千年前，黄河中下游地区分布着许多部落，其中炎帝部落和黄帝部落是兄弟部落。他们经过阪泉之战后融合成炎黄联盟，开始向外征战，创立华夏之名。

　　强大的力量突出的行为，带动四面八方，因而有华夏与蛮貊之分。这是一个动态的形成过程，先有行动而后有差距。"华夏蛮貊，罔不率俾。"（《尚书》）文明和野蛮的差距，形成一个善的效应，犹如群鸟归林，犹如百凤朝凰。其人性的意义也是自然的意义，这是强大的意义。

　　阪泉之战意义重大，这不是血肉刀枪之战而是情感意志之战，它开创的是力量文明的新形式。战斗到最终，黄帝和炎帝部落没有生死相见，而是通过庙堂的论战而判定输赢。阪是古时的一种引水工具，谁论战赢一次，谁就在阪上放一块雕刻成等量的玉石。木具倾斜，泉水就会流到己方。双方都有一个土池，谁的池先满，谁就是赢家。这样的战斗方式是兄弟之间的方式，它的意义是组建力量新的运作机制，从而面向外在而不止步。

　　兄弟之间不只是有力量有欲望，还有亲情和礼仪。由亲情和礼仪产生的力量是文明的力量，它创造行动之中的人文情感。在行动之中，文明的力量超越了一时一地人和事的限制，开创了力量新形式的先河。与此同时，人的形象突围而出。"中国有礼仪之大故称夏，有服章之美谓之华。"（《左传》）这里不只是有强大的力量，还有礼仪和风采，这是表现之中的礼仪和风采，同时是力量文明的礼仪和风采。

由兄弟之情出发，彼此礼仪实现了持续运作的力量机制，而其情感则创造人文意义。没有力量是难以被人认可的，没有礼仪则难以持续运作，以礼而行就是力量的新形式。其中礼仪是力量的组织机制，情感是基础，新的力量突破现在而创造新的情感意义。

人文情感标志着野蛮与文明的分界线，礼仪则象征着人的尊严，这是力量文明的尊严。人性的意义从这里起步，其人则踏向文明旅途。

强大而突出的表率行为，自有华丽风采。于是，华夏就是兄弟联手，而其实质是成武。

禅　让

　　兄弟之情的确立和进一步运用，奠定的是人性力量的强大，人的世界展开了。禅让展示的是人文情感，但其内在的是天下力量持续运作的机制。

　　原始的军事民主，基本原则是选贤任能，而其实质是确立人文情感新的意义。由情感的需要而建立的是力量的超级形态，它象征人走出野蛮而掌握力量确立文明，同时象征自然运动浩荡之势。

　　尧传舜，"允执厥中"；舜传禹，"人心惟危，道心惟微，惟精惟一，允执厥中。"（《尚书》）这里的"中"的意思是核心，即力量运作的机制。每个人都是有需求的，这是发展的需求，那么组建一个机制使它运作起来。于是，尧告诉舜说，"抓住核心使它自己运作"；舜进一步告诉禹说，"人心在于变化的激情，运动之道在于组织结构的精妙，唯有组织精妙才能统一发挥，要抓住核心使它自己运作。"

　　人性情感代表的是天下的大势，那就是发展与进步的需要。从兄弟之情出发形成一个传承，或者称为天下或者称为家。它秉承自然运动之势而表现自我，其中每个人具有相应的责任和义务，其意义是确立一个运动的平台。禅让，所禅让的就是这个平台，它的强大在于创造新的需要。选贤任能而承担相应的责任和义务，由责任和义务建立礼制，其人由个体而整体从而面向更大的世界。这是内在的力量所需，同时是外在的行动所需。

由礼制，组织的是新的力量，确立的是新的情感新的意义，这是人性情感强大的力量机制。

在内在，人们认识力量认识自我，确立兄弟之情；在外在，则是必然的行动，及其必然之势。部落联盟首领的位置不是通过冲突来夺取，而是通过一定的礼仪选举贤能。由礼仪而组建的是一级一级的力量平台，它们构成整体的中心，确立整体的机制。这个机制就是"中"，它将个体不同的力量积聚于一点，即由众多的部落首领代表氏族成员共同推举，通过一定的民主程序选举接班人。这是力量的持续运作，实现的是整体的强大，表现的是超级的行动力。这里确立的是领袖的和平的诞生机制，而实质是继承与发展。

以其势，人站在自然的巅峰。一切都是由新的力量而创造，所谓的内在与外在只是人走出家门表现自我的一个过程，只有不停步才有一切。所有的人都在这个体系之中，以自己的责任与义务服务于这个体系，从而处身于行动之中。这个"中"的表现形式就是由个体而集中一点的群体机制，它的核心、关键点就是不停止。相传，舜帝名"重华"，在舜帝建立国家政权后，人们沿袭古老的习俗，以舜的名字称呼有虞氏朝族裔及人民为"华"。至此，"中华"之名始。这是此刻突破的风华身在行动之中的风华，它象征着新的时代新的表现，同时象征着自然运动不息的强大。

尧舜禹，所禅让的就是这个"不停止"的责任，或者说是天下重任。这也是自然的意志，人性的情感和礼仪文明是在行动中创造出来的。这是一个服务于力量的平台，它吸收八方的力量而创造超级的行动，积聚力量突破的是现在。于是，舜帝面南而坐，"谆信明义，崇德报功，垂拱而天下治。"（《尚书》）这里治理的是一个运动状态，在力量运动的基础上建立信义，实现的是尚德之邦礼乐之园。

垂拱而治，就是古老的为人民服务的思想，它所治理的是新的力量所服务的是强大。由强大的力量确立的是新的世界新的秩序，实现的是人文情感浩浩荡荡的生命意志，而人民就是这个强大的主体。

礼仪之邦

认识到礼的作用，才能认识礼仪之邦的意义。

礼是关于力量能力的认识和组织，有力量有能力的人才会受到人的尊重。行礼，不单单是行一个礼，这是彼此力量能力的交锋。有力量有能力，再加上为人有礼则就是文明。

透过野蛮的生存斗争，人们在力量运作的基础上建立了礼仪。你对我客客气气，我对你以礼相待，这不是结束，而是形成合力。有之曰："礼之用，和为贵。"（《论语》）在这里，"和"和的是力量，"贵"贵的是对外。这是一个新的开始，因为新的力量诞生了。

新的力量必然有新的认知，这是运用与发挥的认知。子曰："舜其大知也与！舜好问而好察迩言，隐恶而扬善，执其两端，而用其中于民，其斯以为舜乎！"（《礼记》）舜帝发挥了力量的作用，同时发挥了情感的作用，而实现了人的作用。这里的"中"，不是中间，更不是折中，而是认识善认识恶，发挥善恶之相对之中的人文情感的力量。

这是力量文明，其情感的形式就是善恶的形式，隐恶扬善就是创造人文情感而发挥力量作用。舜帝的"大知"，在于知人的力量本能和人的情感需求。这是不矛盾的，但必须以人的情感需求来实现人的力量本能，运用力量作用而实现知的作用。力量加知识所实现的是强大，情感主导本能所实现的是持续运作。那么，民众的生活是动态的力量的，而贯穿一致的机制是人性的传承的。这个人性的机制，就是"中庸"，即运筹帷幄将你的力量完全发挥的巅峰时刻，此时此刻就是突破。

　　此时此刻，礼仪组织力量，它秉承自然之势而运动不息。一定的礼仪实现不同的等级划分，然而划分的是责任和义务，划分的是力量作用。由个体而整体所实现的是力量运作，其责任和义务所实现的是对外的行动。个体的表现只是一个变化，而整体则在其变化之上实现继承与发展，最终实现力量运动。

　　一个礼仪，创造一个力量，同时创造一个开始。那么，礼仪之邦，就是力量运动之邦，其核心是尚武。

中 国

　　我们中华人民共和国，简称中国，这是一个力量运动的现在进行时。他秉承的是五千年的力量情怀，和辈辈相接的人文传承。那就是人性善的强大，它的概念是人性的力量领袖群伦。

　　"中"这个字，《说文解字》上说："云下上通者，谓中直或引而上或引而下皆入其内也。"就是说"中"这个字，是积聚力量而爆发。那么，中国就是表现突出之国。其时，"中"表示一个对外行动所造成的效应，它创造了一片天地而居其中、列其矛。而中国则是一个持续突破的动态概念，是人文情感运用知识而发挥力量的运动状态。

　　这是一个圆锥式的突破形态，站其顶为中，而其意义是最高最前沿，正是他的行动带动了四面八方。内在的运作机制是人文情感，强大的力量战胜的是野蛮，其最高点凸显的是人性善的意义。"民亦劳止，汔可小康。惠此中国，以绥四方。"（《诗经》）勤劳与勇敢带来的是富强，表现的是突出的行为和意志。其中自有强大的礼仪和威仪，这是先行一步的风采。先行一步则要承受未知的恐惧和磨难，但是未来的不可知才是现在行动的动力源泉。那么，面对危险和野蛮，是其自然的责任和义务。

　　君子风范，礼仪尤嘉。其人刚健果敢，强大的行动能力就是他的信誉。"见而民莫不敬，言而民莫不信，行而民莫不悦，是以声名洋溢乎中国，施及蛮貊。"（《礼记》）这是行动的威仪，是先行者的气势。他秉承自然运动而创建生的意义，以人性情感缔造新的力量形式，表现的是人的形象和强大。君子形象表现的不是本能欲望，也不是强大的力量作用，而是人性的美好。美好的意义成为生活的中心，就是说，本能欲望和力量作用，演化成美好生活的动力源泉，人性突围而出。

时至公元 1949 年，"中国"这两个字秉承五千年的脚步其自然含义是动态的，即，突破，再突破，持续突破。这是一个世界大融合的时代，一个东西合璧的时代，同时是各民族文化激荡的时代。"中华"两个字面对这个更加辽阔的世界再一次爆发，并表现其运动不息的风姿。

人们似乎更认识自己了，文化的意义在于强大，在于永不止步。文化是一种能力，犹如人们能够想象远古洪荒的野蛮无限久远一样，人们有能力想象未来的世界文明无限美好。然而，现在就是现在，它生活在远古的极限与未来的极限的张力之中，就是说它是力量作用的动态的。纯粹的力量不是文明，神圣的真知只是一定的认识，只有生的情感意志所激发的人文情感，即礼仪文化，才能突破力量本能才能突破知识的局限，从而面对更美好的东西。

那么，"中"就是在行动之中，其性质是先进；中国就是礼仪道德而先进的国度，其力量文明的行为意义是匡正四方。

第二章 武士的新概念——《论语》概念

这是一个学习的概念，学习的是礼仪，组建的是新的力量及其情怀，创造的是不同的生活。有力量才需要学习，强者往往面对的是新的东西，这是自强不息的自然意义。

武士，代表力量。然而，一个武士还应该学习些什么呢？就是说一个有力量的人还应该学习些什么呢？那就是《论语》。

《论语》

一个有力量有能力的人还应该学习些什么呢？或者说一名武士还应该学习什么？那就是《论语》。

人自然的是一名战士，人们为生存而战斗。在氏族部落的军事同盟中，每一名男子都自然地成为武士，他们本能的发挥作用而表现自我。这里有一个漫长的积淀过程，从原始蒙昧到礼仪文明所积淀的是力量，有力量才有礼仪文明。

所谓的文明社会，只是一个相对的概念，或者说是一个更好的概念。人类社会是向前进步的，力量强大是其整个的基础。在《论语》中，所谈的都是人与人之间的一些事，诚信、礼节、仁义，还有孝悌。语气淡定，平易随和，然而这是力量与力量之间的事，只有有力量的人才需要学习这些。或者说，诚信、礼节、仁义，还有孝悌，是力量的。

孔子别着武士刀，执弓而射，意气风发。这是力量的表现，由力量而表现出礼仪。《礼记》曰："孔子射于矍相之圃，盖观者如堵墙。"这是力量表现，在这个表现的基础上学习礼仪，并由其认识创立情感的存在方式。其情其意是自我的，也是大家的，彼此处于一个相对的力量作用之中。野蛮的力量本能，力量意志的武士精神，向着情感意志的现实性发展，这是真实性的超我的认识。在礼仪的作用下，存在的意义由生存本能而实现激情表现，人们的生活扩展到一个更广阔的领域。

追求更高的需要，这是自然运动存在的意志，表现在人则是情感的形式，或者说仁义。这是生的情感意志，其激情一刻的当时现在的感知所奠定的是生活，而实质是突破自我。孔子曰："射者，仁之道也。射求正诸己，己正而后发，发而不中，则不怨胜己者，反求诸己而已矣。"（《礼记》）"中"，是目的行为，达到目的则获得自我的情感。不"中"，则不能怪别人，而是增加自己的能力。其中自有诚信礼节，其过程表现仁。

这是彼此交锋的新形式，力量自然地决定一切。相互的作用实现的是仁义道德，它象征竞争而突破的秩序。在这里，情感的形式是力量完成目的的新形式，其"中"不"中"的情感是力量文明的情感法则。那么，《论语》就是武士之学，其情感法则是步步高。

武士代表力量，那么，以礼而行的武士就是超级力量。由此的礼仪则实现力量之学，它使人站在自然力量之上，人永不止步的行为意义彰显出来。

以礼而行，就是由仁义而行，其激情意志的生活的意义就是飞翔。

士

士，力量的新形象。

社会中最活跃的阶层就是士，但不能用社会地位或者职业来区分，尽管有勇士、方士、谋士、儒士等等。士代表一种超级运用的能力，但不是脱离现实，而是各个行业的优秀者。

士由武士演变而来，分布在社会各个角落各个行业，代表的是知识，发挥的是强大的力量作用。士人是支撑社会进步，维持乡村秩序的中坚力量。"与吾得革车千乘，不如闻行人烛过之一言也。"（《韩非之》）一定的谋略堪比千军万马，千军万马代表力量，谋略是表现力量发挥运用。这是一种改变，尽管只是一种方式的改变，但实现的是一种超级运用。整体的力量是基础，士只是实现了这个力量的需求。

知识的运用标志着社会的强大，士则发展成一个社会阶层，称为士族。他们以做官为职业，做官成了谋生的方式，但本意不在此。其本意在于为社会服务，建立一个新的力量秩序，而实现自己的人生理想。曾子曰："士不可以不弘毅，任重而道远。仁以为己任，不亦重乎？死而后已，不亦远乎？"（《论语》）士本身就是社会进步的产物，其使命就是社会进步，而其人必然的具有顽强的精神和强大的行动能力。这里有知识有技艺，但更重要的是一颗社会之心，那就是仁义。

儒学发展于士族阶层，它的意义不在于知识不在于礼节，而在于由知识和礼节而组建的新的力量秩序，更在于知书识礼而爆发的力量行为。"士见危致命，见得思义，祭思敬，丧思哀，其可已矣。"（《论语》）遇见危险以死相搏，这就是知书识礼的力量行为，同时还创造了一种道义，那就是敬。这里敬的是力量进步，那就是仁义道德的秩序。

　　仁义道德不只是善良正直，而是实现力量进步。仁人志士，行动有力行为有礼，这是一个表现发挥和运用力量的人。所谓的读书人正是如此，它不受本能指使，不为情感左右，不让一定的知识凝固。

　　那么，儒士，不同于骑士，不同于武士，是胸怀天下力量进步之士。

三　纲

三纲，即君为臣纲、父为子纲、夫为妇纲。

封建社会将三纲解释成对内控制的纲领，而实质是由内而外爆发的纲领，用一句话来形容就是上阵不离父子兵。

这个纲领实现的是一个战斗单元，其意义不是服从而是行动，所实现的是一个整体的运作，即对外的力量作用。如果没有对外的作用，则整体不复存在，君臣父子夫妇的观念也不复存在。

在这里有力量有情感，更重要的是有行动。其行动建立在一个大的基础上，那就是对力量的认识以及对情感的认识，从而实现对生活的认识。齐景公问政于孔子。孔子对曰："君君，臣臣，父父，子子。"（《论语》）君的含义是一个老人拄着拐杖，而他的眼睛看的是远方，象征具有真知灼见的领导人；父的含义是力量，象征着强大的行动能力；臣与子，则象征着一个整体。这是一个运动自然的整体，彼此的情感是存在的情感，共同的行动使他们结合在一起。

这是由家里而社会的行动，君臣之义和夫妇父子之义是共同的，有区别的话只是责任大小的区别。其中的礼节，是力量的礼节，是发挥和运用的礼节，而不是某种限制。"夫知天下犹曳大木然，前者唱邪，后者唱许。君与臣，共曳木之人也。"（《明夷待访录》）这是人与人自然的关系和责任，其人由个人而整体，由家里而社会，实现了生活的运动性。君臣父子朋友超越了自然地血链关系和个体的环境的局限性，实现了力量的统一。

上阵不离父子兵，其间就是一个信字，由亲情情感带来的是充分的信任，所实现的是强大的力量作用。三纲实现了一个超级的动力机制，它运用血链情感实现了力量的持续运作，并创造了人性情感的力量形式，那就是五常——仁义礼智信。

五　常

常，就是稳固而真实。

五常，就是五种真实而有力的行动方式。

人自然的具有七情六欲，这就是真实，实现其情欲就是常。实现其情欲则行动，由行动而构成群体生活，人与人之间建立了道德关系，那就是五常，即仁义礼智信。

人行走于天地之间，所表现的就是行动。有行动则有表现，表现自我则我存在，默默无闻的时候，往往被人忽略。那么，行动就是真实，就是常。而如何实现行动，如何表现自己？孟子曰："舜明于庶物，察于人伦；由仁义行，非行仁义也。"（《孟子》）七情六欲是本能，然而这不是存在本身，存在本身在于你表现了什么。舜由仁义行，而不是行仁义，舜行的是力量文明。此时，五常只是有力的行动方式，而不是行动本身。行动本身在于表现自我，在于发挥新的力量作用，在于开创一个新的意义。

人首先从自己开始，但所看的远近有限。他只能以所获得的知识去指导自己的行动，并在行动之中获得新的知识。儒，就是运筹帷幄，它运筹的是情感把握的是知识和力量。所以，儒者具有从容不迫的形象，因为情感主导知识和力量。子曰："谁能出不由户？何莫由斯道也？"（《论语》）房子是一个由知识的经验所构成的建设性的存在，门户就是儒学，它们象征着走出自我的情感意志，实现其自然之道。它排除了偷鸡没狗的形式歪门邪道的形式，确立的是光明正大的形式，即创造新的力量而发挥自我的情感。

这就是儒学，它开创了为人之道。由真实的东西而开创新的生活，就是以人们所看到的获得的知识，来扩大自己视野，从而产生新的行动。它使人们具有突破现在突破自我的行动能力，并以此融入自然进步；它在武士所表现的力量自然的基础上，创立仁义礼智信，开创激情意志的生活。如果说我们现在所拥有的所掌握的能够代表自我的话，那么儒学就是自我的门窗，它使我们看到外面并走出自我，仁义礼智信就是具体行动的门和窗。

五常具体实现了一个持续的力量作用，和其存在的真实意义，这是群体的超级意义。其中，五常奠定了其人性的基础，人们在物质世界和动物世界之上实现了加速运动，这个加速运动就是文明社会。

此时，五常既是群体运作的形式又奠定了力量文明的意义，人的存在由其意义而获得凸显，人不再为本能而活。

仁

仁，是动态的，并且是群体的。

仁，这个字，由一个人字偏旁和一个二组成，意义是两个人乃至更多的人行走在一起。这首先是行动，且是群体行动。行动代表着力量，群体行动则孕育着超级的力量，那么仁就是由个体而群体的超级的行动力。

一个人只是一个力量，他的存在是有限的，一个群体由多个力量组成，它的存在是无限的。由个体到群体，实现了无限存在的意义，这个意义就是不停止。子曰："弟子入则孝，出则弟，谨而信，泛爱众，而亲仁。行有余力，则以学文。"（《论语》）孝、弟、信、众，勾画出了一个人由个体到群体的自然过程，表现了在家里和走出家门实现自我的不同阶段不同的形式和意义。行动在先，学习相随，只有在新的意义之中学习才有意义。此时才接近仁，因为仁是无限的不停止的。

从家人到自我发挥了亲情的能动性，实现了自我的力量方式；从自我到民众发挥了自我的力量，实现了群体；由群体而建立个体的品德，确立整体运作的仁义道德。这是一个学习运用礼的过程，其中学习的是力量，组建的是超级的运行机制。子曰："克己复礼为仁。一日克己复礼，天下归仁焉。为仁由己，而由人乎哉？"（《论语》）"克己"，是指有秩序的发挥自己；"复礼"，是指持续地发挥礼组织力量的功能。那么，所得到的是超级的行动力。这是一个主动行为，表现自我于群体之中，建立仁义道德实现的是自我。

在家里是亲情有关爱，出了家门则是力量个体的组合。获得持续的表现则获得自我的存在，而贯穿在其中的是礼。这一切构成一个整体，那就是人性情感强大的动力机制。攀迟问仁。子曰："爱人。"问知。子曰："知人。"（《论语》）此处爱的是行动，知的是人强大的需求。人一步一步地行来，广泛的涉猎，所表现的是强大，在此基础上学习新的知识表现新的欲望。

人一步一步地行为是一个战斗的序列，由知识到力量，由力量到一步步我的表现，个中的人性情感的强大就是仁。这是礼仪创造文明的过程，其中文化战胜本能人性战胜野蛮，人的力量突围而出。

仁是无限的，它与自然运动相吻合，其品德就是自然生生不息的品德，在其中孕育着人性情感无限强大的意义。

义

每个人都要表现自己，这是自然之义，或者说春秋大义。

其中孕育着一个必然的行动，或者说一个更高的存在，面对它人们获得超我的责任与义务。有责任有义务，则个人的行为意义不同，或者说大义凛然或者说见义勇为。

自然之义，在于永不止步的意义。其人性情感的形式就是步步高，追求更高的存在。孟子曰："生亦我所欲也，义亦我所欲也；二者不可得兼，舍生而取义者也。生亦我所欲，所欲有甚于生者，故不为苟得也；死亦我所恶，所恶有甚于死者，故患有所不辟也。"（《孟子》）生是本能的存在自我的存在，义是责任的存在超自我的存在。舍生而取义是义战胜生的行为，预示着存在着比生还重要的东西，它超越了自然力量的自我形式，突破了个体自我的存在范围。

春秋大义，在于群体运作。群体由个体的表现而运作，并赐予个体一个不同的存在意义，那就是一个更大的世界。《春秋公羊传》曰："王正月也。何言乎王正月？大一统也。"大一统，统一的是行动，而不是单单的统一。其中每一个人都是力量意志的人，由力量出发，大一统统一的还有责任和义务。其中整体的步伐，力量自然的步伐，就是义之所在，它面对的是自然无限。

义字当先，强大的力量明确的意志，应用于取舍之时。责任和义务的含义是行动，当个体以整体而实现其力量意志的时候，则其责任和义务自然而无限。其时，责任和义务确立了个体的力量情感，整体的行动确立了自我的行为意义，就是说个体获得了人性的力量形式，由人性情感觉醒的是新的力量。

这是一个统一意志统一行动的过程，不同的是内在的情感结构。大一统的意识意味着由亲情而走出家门的人实现了力量强大，而其实质则标志着一个追求更高的大的存在。面对这个大的存在，个体和整体在行动之中合一。

有责任和义务，人则获得无限的力量情怀。以此，构成力量的道义，那就是勇往直前。

礼

礼，有"三礼"，即《周礼》、《仪礼》、《礼记》。

它们对礼法、礼义做了记载和解释，其中祭天祭地祭宗庙，而关键是组织现在的人。那么，礼的意义不是权力等级而是超级的力量机制，它组织力量而突破既定的秩序，因为新的力量必然创造新的秩序。

日常生活中礼更多地表现出礼貌、谦让，而实质是更强大的行动表现。新的力量是核心，不能产生新的力量的规矩是静态的，它不是礼。礼貌、谦让，代表人文情感，这是彼此力量之间的认识，其人性的作用是镕八方力量而创造新的力量。禅让是一种礼的认识，世袭是一种礼的认识，天下为公是一种礼的认识，其中的情感或为天下为公或为子孙为私，但都是针对于力量的认识。获得力量创造力量才是礼的实质，而行动和表现则是力量对外的作用，礼只是人性的组织了这一切。

现实是力量的，一切都是在残酷的生存斗争中创立。人性首先是力量然后才是情感，一切的情感都是关于力量的情感。那么，理顺情感，则获得力量。《礼记》曰："夫礼，先王以承天之道，以治人之情，故失之者死，得之者生。"在力量与力量之间，在生与死的存在之间，是最直接的力量关系，即天道自然。礼不只是组织了力量创造了力量，还创造了新的行动和欲望，创立了新的存在关系，那就是创新生活的情怀。

以礼而行，自然进步以人的情感形式而彰显，力量意志赢得超级形态。在此，情感与力量相结合，构成了人类生活的主旋律。舜帝"慎徽五典"（《尚书》）以父义、母慈、兄友、弟恭、子孝五种美德指导人们的行动，确立了人性的力量方式，从形式和意义上创立了礼的世界。兽与人、野蛮与文明、力量与智慧，在礼的理性下获得统一，力量意志成为人手掌中的事物，万事万物成为人类行动行为的基础，人以礼而获得自由自主。

力量在知礼的作用下发生了本质的变化，人从被动的力量作用中实现了主动的力量作用，礼从鬼神祭祀之中回到了人间。人们从对神秘力量的祈祷到以自然情感实现动力机制，人性的意义获得凸显。理智代替了力量本能，人性情感发挥了生的巨大的热情和超强大的力量意志。此时，创立的是真、善、美。

在礼的作用下，人们由仁义而行，获得了生的情感和死的关怀。生的喜悦，死的伤怀，构成了人性的乐章，其核心不在生不在死，而在于在生与死之间所创造的新的生活。

人们理顺情感，而面向八方，组织力量创造力量，所行的是超级的自然之道。于是乎，礼，就是力量的组织机制，由此而奠定行动的先机。或者说，组织力量而爆发。

智

运用力量，发挥激情意志，获得新的力量则为智。

对力量的认识是智慧，对自我的认识对情感的认识，是大智慧。智慧的含义随着更多力量的掌握而清晰起来，然而智慧与力量的分化也进一步清晰。

在对力量认识的同时，也认识了善与恶，并产生了相应的行为意识，那就是对恶的排斥和关于善的爱戴。其表现形式是对野蛮的抵制，对战斗形式的否定，对智慧和情感的肯定。人世间的主要的斗争，由力量与力量的斗争转移到情感与非情感形式的斗争，或者人与非人的斗争。其自然的现象是，一定的智慧与其本能欲望相斗争，个体与整体相斗争。这是智慧的斗争，或者说是文明的斗争。

混乱与迷茫是必然的，这是新的力量的作用，这个作用突破一切。前人的世界被打破了，先人的东西被否定了，虽然很伤感但这是自然之势，分裂否定本身就是进步而行动，它象征着面对更大更强的存在。在此自然的基础上，儒家开创了新的智慧，这是动态之中的智慧。孟子曰："仁之实，事亲是也。义之实，从兄是也。智之实，知斯二者弗去是也。"（《孟子》）亲，象征着情感和群体；兄，象征着力量和秩序。获得这两者则获得情感加知识发挥力量的作用，进而获得一切。个人的情感，善恶的意志，以智慧而化作力量，人不再迷茫。

力量创造世界，智慧总是在力量意志之后，这反映了人们的认识处于一种不断分裂的趋势之中。力量的发展与智慧的发展并不平衡，世界始终是动态的世界，人始终是向前走。在一定智慧的作用下，人们认识到力量作用的盲目性和一定知识的局限性，然而在亲情的照耀下，人们创造了大智慧，它使人从容迈步永不止步。

这个大智慧，就是仁义。

信

信，或者说信用，虽然微小，但是是力量的关键。

只有力量才能谈信用，没有力量何谈信用。反过来，信用产生新的力量创造新的能力意志，有力量是这一切的基础。没有力量的真理是不能让人接受的，也是不真实的。这里的信用象征着真实，即力量作用的真实。

不能单单独立出来一个信，或者是某一些品德，它们只是行动中的一个环节。子曰："人而无信，不知其可。大车无輗，小车无軏，其何以行之哉？"（《论语》）信用只是一个小活销，是大车小车安装稳住横木的活销，它是整体的一个小部分。大车小车是整体，象征着力量象征着一个行动的势能，这是一个小活销的基础。活销的作用不大，但完善整体的功能。信用的作用由此而来，它是大车小车运行的必然环节，是强大力量的威仪，而不只是一个小小的活销。

家，就是车，是自然运动之车。这里不只是有亲情，有礼仪，更重要的是这里有力量，以及由力量所创造的信用。子夏曰："贤贤易色；事父母，能竭其力；事君，能致其身；与朋友交，言而有信。"（《论语》）信用是对外的，与朋友交是力量之交。那么家就是一个对外行动的力量之车，它运行的是人，实现的是力量进步。由兄弟父母君臣，构成一个行动的势能，力量进步就是信用，它完善了一个家整体的功能。

自然在于运动，一个人在于行动，这就是真实。仁义礼智，实现了力量进步，确立了行动的真实，进而创造了信用。信用则饭铺仁义礼智，开拓新的行程而不止步。

朋　友

　　朋友之间是友谊是情分，但朋友的真实概念是力量，这一点不以友谊情分而改变。

　　这是一个共谋发展的动态概念，同时是一个力量对抗的概念，在彼此的力量作用之下形成统一行动。朋友的概念包含兄弟、同事、同志、战友、盟友，等等一系列的概念，但根本的基础是力量，它们都是行动之中的衍生概念。

　　人有情感，但这是自然进步的情感，人的情感只不过是人实现其表现的一种形式。透过人的特有的情感形式，所表现的是自然进步，他的情感不止于其本身而在于外界。子夏曰："君子敬而无失，与人恭而有礼。四海之内皆兄弟也。君子何患乎无兄弟？"（《论语》）这是放眼天下的情怀，君子敬重力量为人有礼，那么天下四海都可去得。

　　朋友之间你来我往，彼此的力量作用奠定了真实的基础。这是一个学习的过程，由新的力量获得的是激情意志，君子乐在其中。子曰："学而时习之，不亦说乎？有朋自远方来，不亦乐乎？人不知而不愠，不亦君子乎？"（《论语》）朋友代表新的力量，假如有朋友从远方来共谋发展，那就是快乐。其朋友之间的快乐是表面的，而内在的快乐是新的力量的加入所形成的新的存在意志，其快乐是自然地不停步的快乐。此时，学的是对抗，习的是强大。

　　在对抗中学习是一件非常愉悦的事，人追求更高的需要，其本身就是快乐。由自我的需要而认识到朋友的需要，由个人的情感而实现共同行动的情感，并追求完美而不止步的人就是君子。在这里力量被赐予新的意义和形式，那就是仁义礼智信。其中，朋友的意义既是力量又是兄弟，其战斗的情怀在行动中统一。

　　由力量而对抗并在对抗之中爆发，在力量爆发之时也爆发出新的情谊。其行为是突破现实状况的行为，其强大的意志表现了一个超越的自我。这个自我超越的是现在，他获得的是行动。身在行动之中，不需要太多的人知道，也不需要赞美，这是君子行动。

学　习

学的目的，是行动而不是学习本身，其实质是追求完美，或者说强大。

习，象征鸟学飞，是小鸟锻炼飞行，在实践中获得新的飞行能力。其实，习在先，学在后。以一定的能力做一定的事，然后学习新的能力去做新的事。

这是一个努力而突破的过程，知识只是一个工具，它的作用在于实现新的能力。于是，举一而反三。子曰："学而时习之，不亦说乎？"（《论语》）圣人在这里强调的是习，强调的是行动，只有在行动之中才需要学。其中的乐趣是行动的乐趣，而不是学的乐趣，学只是再一次行动的需要。

在行动之中就是在对抗之中，而只有在对抗之中才能发挥作用。在一步一步强大的过程中，其人则意气风发。学习创造了这一步一步强大之势，人始终学习新的知识发挥着新的力量，从而面对着新的东西。此时的愉悦是真实的，学而致用，在实践中运用的是新的力量，在对抗中实现的是新的自我。

爱学习，知道学习，并不是一种品德，而是一种力量意识。这是自主的行为意识，它自有其品德。子曰："知之者不如好之者，好之者不如乐之者。"（《论语》）对于学习，能学习的人，不如发挥于行动之中的

由仁义而行

人，能发挥还不如以此而乐挑战自我的人。其中的品德是强者的品德，他挑战的是自我，激发的是强大的行动能力。

学习是强者所擅长的事，强者具有旺盛的精力和蓬勃的意志，他往往面对新的东西，需要更多的知识。同时，学习是一个主动行为，它象征自我意识的觉醒。我想要做什么，我认识到什么，表现了一个人自我意识的强大。

自我意识的强大，不是学习出来的，而是对抗出来的。

忠

忠字，由中和心构成。

中的含义是突出点，再加上心，表面含义是尽心尽力，内在的含义是集中力量而突破一点。这里尽的是心，尽的是力，那么，忠不只是忠于民族国家，还忠于自我的力量情怀，其中自然有信。

信，往往与忠是不分离的，它们统一于行。于是，忠信在于，忠于能力和情感，即集中精力持之以恒。这是力量之行，其情其感就是自信，其形象就是强大。子张问行。子曰："言忠信，行笃敬，虽蛮貊之邦，行矣。"（《论语》）这里行的是力量，表现的是力量的信誉，那就是强大。因为强大不需要狡诈的言语，因为强大其行动真诚而自信。即就是再野蛮的地方，也可以"行矣"。

忠信表现在个体层面上是发挥自我的力量，然而发挥自我的力量必然是在一个集体之中的，那么整体运作则确立了一个大忠。由个体的小忠到集体的大忠，所实现的是整体运作。于是，忠由能力和意志发展到职责和义务。季康子问："使民敬，忠以劝，如之何？"子曰："临之以庄则敬，孝慈则忠，举善而教不能则劝。"（《论语》）这是一个双向的力量关系，要使百姓为你出力，你也要为百姓出力。彼此的职责和义务是相互的，就是说忠信是双方的，彼此都要尽心尽力。

由此，忠君就是忠于整体，忠于行动，进而忠于力量忠于自己的职责

和义务。相应的，君，同样的忠于每一个人，忠于行动，进而忠于力量忠于自己的职责和义务。在这里，忠信实现的是上下一体，统一行动。一切都归之于行动中，没有行动则没有忠信可言。

在行动中，人表现了力量，表现了智慧，同时还表现了顽强的意志。那么，忠信与诚实、老实、忠厚，大相径庭。

由仁义而行

温良恭俭让

温良恭俭让，是指一个持续的力量行为，因为强大而具有的高尚的品德。

这是一个武士获得礼仪的形象，其品德是力量的品德，它们的意义在于走入社会实现运作。温良恭俭让表现了一个品德的形象，但是实现了一个持续运作而超越一切的发挥机制，它们奠定个体人的行为素质，确立的是社会整体的力量道德。

孔子别着武士刀而意气风发，他学习力量发挥力量，其意气风发在于创造了力量的新形象。子贡曰："夫子温、良、恭、俭、让以得之。"（《论语》）温，持续地进行，不间断地推进，象征有深邃不可测的能量；良，真实具体的存在，是具有明确意义的行动行为；恭，正气凛然，是针对强者的力量行为；俭，运筹帷幄把握一切，全方面发挥；让，制造新的秩序，是超越现在的能力气度。孔夫子具有这所有的品德，这是力量的新形象。

这个新形象具有持续的进行能力，不间断地推进能力，其正气凛然。所谓的让，是运筹帷幄创造新的秩序而把握一切，实则是超越一切的气势。唯有自身足够强大才能如此，这是无惧一切的品德。这一切都是学习的结果，同时是力量进步的风貌。圣人学习的是礼，成就的是力量发挥的是力量，其中培养了力量的品德，实现了强大的行动能力。学习的意义仅在于此，即在力量的基础上实现仁义礼智信，创立情感的存在方式，其情其意是力量意志的情意。其人赋予力量新的意义，而具有相应的品德。

在学习的作用下，野蛮的力量本能、力量意志的武士精神向着情感意志的现实性发展，这是力量进步。其人存在的意义由生存本能而扩展到一个更广阔的领域，个体的人获得的不只是一个高尚的品德，因为这是力量进步的品德，个体的人获得的是行动力和一个面向外在的眼光。

有能力行动才有眼光，行动之后才有品德和风貌。这个品德和风貌就是温良恭俭让，即一个在力量运作中的强大的品德和风貌。

和为贵

和为贵，和的是力量，贵的是对外。

纯粹的和是没有意义的，只有产生新的力量，创造出新的意志，才是和。礼的作用是关键，这是圣王治理天下的法则。

礼的作用，就是和，就是行。有之曰："礼之用，和为贵。先王之道斯为美，小大由之。有所不行：知和而和，不以礼节之，亦不可行也。"（《论语》）和，是力量意志的结合，彼此的力量在共同的利益下形成统一的存在。这是行动而且是力量行动，礼是其内在的组织结构。在礼的作用下，个体的力量意志结合在一起，形成超个体的力量形态。和的过程体现了自然进步的意志，也体现了人能动的智慧。

礼，是力量能力的象征。它不是礼貌，不是谦让，更不是平安相处，而是新的力量意志。礼一方面是对能力的认识，是对一个人的承认；另一方面礼使力量组合在一起，实现新的意志。能力是贯穿一切形式而真实存在的基础，实现能力意志是自我存在的基础。以礼而行，就是在行动之中掌握新的能力，并以其能力意志而获得表现。单纯的和是静态的，它并没有表现什么。发挥和的力量意志是礼的作用，那就是行动。

和为贵，表现了一个主动的行为意识，那就是对力量的渴望，对行动的期许。和就是行，礼是其内部的组织机制，它协调个体而组建新个体。

其时，表现其力量意志，为行。和与行是不分的，不能产生行动不能确立新的表现，不是和。

　　和的自然意义是强大，象征着和平。然而和平不是静态的，更不是保持现状委曲求全，而是战胜你的对手。

为　政

透过封建的尘埃，政治的意义就是创造力量，实现行动。

人是群体的人，由此人是社会的人。同时群体社会由个人组成，它建立在个体的力量之上，彼此是一个整体，它们统一在行动之中。那么，使个体行动起来发挥其力量意志就是为政，它实现的是整体的超级行动。

个体的行动由家里开始，准确地说由兄弟之间开始，那么为政也由兄弟之间开始。《书》云："孝乎？惟孝，友于兄弟，施于有政。"（《论语》）友于兄弟，就是实现兄弟的行动，也就是实现自我的行动。兄弟情感是自然的，由此而行也是自然的，它面对的是外在的世界。那么，为政也是自然的，对内是情感和谐，对外是力量意志。

实现自我是人的自然意义，群体在这个意义之上建立，并由群体实现政治社会。其中有力量有情感，但其情感统一于力量之中。三纲五纪确立了人的力量形式，同时创造了超级的组织结构，人则以此实现了无限的行为意志。君臣父子夫妇，只是一个力量的内在机制，它实现的是对外的力量作用；仁义礼智信只是一个润滑剂，而实质是力量的新形式。其中有礼有节，但不是为了控制什么，而是缔造仁义创造新的生活。

群体行动必然有权力分配，一定的权力象征一定行动的责任，责任与行动相比配。这个权力是自然的，是人实现自我的自然权力，政治只是在一个更大的范围内实现它。子曰："为政以德，譬如北辰。居其所而众星共之。"(《论语》)北极星是最亮的一颗,它代表着最大的行动能力,同时肩负着整体运作的责任。在这里北极星标志着一个方向,确立了先行一步的行为意识,它的存在意义是让大家行动起来。

　　人的品德是行动达到完美状态时所具有的特质,所谓的品德从来都不是什么静止的品德,它是行动实现的品德。那么,让大家行动起来实现自我,就是为政的品德。具体的现象是建立普遍的力量机制,而其力量文明的核心就是孝。

　　于是,为政就是服务,服务于民,服务于整体行动。

由仁义而行

天地君亲师

天地君亲师，应是亲师君地天，指人走出家门实现自我的几个阶段。

这是一个面对自然而行动的无限的概念，又是一个反复而再认识的概念。反复的是知识，再认识认识的是自我，最终确立的是一个更大的行动空间。

每个阶段有不同的认识，但认识在强大；每个阶段面对不同的人和事，发挥新的力量作用。这是一个认识天地自然，进一步认识亲情和环境，从而确立自我行为的强大的过程。天地代表自然运动，君亲代表走出家门的个体力量，师则代表学习掌握新的力量能力，联系在一起则代表一个人获得力量而表现自己，发挥作用而融入自然运动之中。其中的关键有二，一是情感形式的真实性，二是个体表现的正义性。

天地自然代表一个超级的存在，人作为一个力量个体，奉天承运必然表现自我于其中。亲师君地天，指明了个体表现的方向，实现了一个运动的次序和生活意义。这是突破自我的次序，是做大做强的力量行为，即把个体存在的人融入现实的一个整体进而获得无限的行动能力。"故屈民而伸君，屈君而伸天，《春秋》之大义也。"（《春秋繁露》）这个大意是，抬起头，看向远方，获得无限的意志。天地自然是无限的，那么，一个人的强大也是无限的。人们敬天敬地敬父母，敬的是力量敬的是强大，而最终敬的是行动。行动的情感是自然的，没有行动则非自然。

在行动之中，自然大义把个体人的力量和情感组成人事政治，取得现实形式就是天地君亲师。人融入自然运动的结构之中，在其中人的主动性的行为，超越个体本位而获得自然表现。个体力量意志的各种形态，在自然大义之下具有相应的职责和义务，这样，在一个更大的环境之中尽自己的职责和义务，则获得超我的意义。君有君的职责和义务，亲有亲的职责和义务，自我有自我的职责和义务，彼此作用而协调则实现自然的责任和义务。

天地君亲师，是一个个要被超越的存在，而不是一个个无法逾越的关隘。从个体实现自我的行动来看，其次序是亲师君地天。

思无邪

思无邪，不是单纯、善良、品德，而是强大的力量行为。

《诗经》三百篇的核心就是求索，求索的是人性情感的真实，和强大。这里表述的是对力量行为的思考，由亲情的真实出发，实现自我的力量意志，就是思无邪。情感的认识作用实现了力量的超级形式，其行为是光明正大的，它不只是排除了偷鸡摸狗的邪门歪道，还排除了神秘冥想的脱离力量现实的东西。

其情其意在于抒发和表现，抒发的是力量意志，表现的是自我。只有面对新的东西才能排解现实之中一切的困惑，只有在力量之中发挥自我，才能使现在获得真实。子曰："《诗》三百，一言以蔽之，曰：'思无邪。'"（《论语》）无邪在于以情感确立文明，在于以已知的能力思考未知，从而现实人的力量作用。

儒学就是为人之学，为人的情思。它不在于怪异不在于神秘，而在于有秩序的真实。用所看到的所获得的知识，来扩大自己视野，而学习。在学习之中获得突破自我的能力，在武士所表现的力量自然的基础上，创立仁义礼智信开创激情意志的生活。"子不语：怪、力、乱、神。""子绝四：毋意，毋必，毋固，毋我。"（《论语》）圣人的行为言行表现了强大的思想意识，对于奇怪的东西，神秘而不真实的东西，不屑一顾。相应的是坚强的步伐，脚踏实地的力量行为，和不为某一时某一刻而停留的意志。

在现实的力量之中发挥自己的作用，其形式是自立自强，核心动力是求索无限。人的一生是求知的一生、求索的一生，由无知到获得一定的知，由一定的知实现一定的意义，由一定的意义去理解万物。从无知到知自我，从知自我到知突破自我，是一个力量意志的成长过程。知最终化作力量融入自然，但是，是以不断强大的力量行为实现的。这是生命的意志，是自然赋予的使命，君子肩负着这个使命。

这是动态的人生，在力量本能与生命意义之间，在个体与群体之间，人以礼的形式获得力量获得自我无限。思无邪，确立的是真实，实现的是力量作用的情思。

温故而知新

温故而知新，指获得新的力量，由新的力量而行动。

将你的力量释放出去，必然获得自然的回报，此时新的力量意志确立新的意义。这不是一个知识层面上的东西，不是感知，而是行动。

这是行动教育，行动在先，其教育意义是获得新的行动意识。子曰："温故而知新，可以为师矣。"（《论语》）温故就是发挥现在的力量，实现自己的行动。创立新的意义才有新的知识，而行动就是老师。知识在其中只是一个工具，老师的意义是运用工具，在于如何发挥新的作用。

教育，是关于如何获得力量能力，培养一个人性的力量之道，而不是善良的与力量有所区分，更不是教育一定的知识而培养一定的品德。教育的意义在于"雕琢性情，组织辞令，木铎启而千里应，席珍流而万世响，写天地之辉光，晓生民之耳目矣。"（《文心雕龙》）这里开启的是关于力量能力的教育，其"雕琢性情"对应的是"天地之辉光"和"生民之耳目"，其意义不在于学习了什么领悟了什么，而在于获得运用力量发挥力量的行动，在于实现新的激情意志。

"雕琢性情"不是刻画，而是锻炼一个行动的意识。知新就是获得新的力量能力，那么必然的行动在所难免。

好人坏人

好人坏人，不是某一个人好某一个人坏，而是完成职责就是好人，不能完成职责就是坏人，其意义在于执行。

一个单独的人不存在好与坏，好人坏人是动态的概念，它们只存在于群体之中。好与坏是相对的，促使激励为好，放松怠慢为坏。好人，即，使人实现其职责完成其职责；坏人，即，使人散漫而失去其职责。

一切的观念都是在行动之中创造的，行动创造群体社会并创造相应的职责，好人坏人相对于群体社会而言。子曰："唯仁者能好人，能恶人。"（《论语》）只有仁者才能使人进步，才能知道什么情况下人们会停滞不前。这里确立了一个动态的人的观念，人就是实现自己而表现的存在，表现为好，非表现为坏。只有仁者能够把握好和坏，因为静态之中不存在好和坏。

好坏必然的包含一个善恶的观念，其中有力量有知识还有情感。力量是不断强大的力量，知识是新颖的知识，情感则面对着新生。但是，这不是一个好坏善恶所能包含的。好坏善恶实现的是行动，行动包含一切。子曰："君子不器。"（《论语》）就是说：君子不像器物一样，只有一种用处一个固定的形式，自由的多样性是它的作用。君子对人的情感有一个动态的认识，从而能够发挥善之相对恶的力量。这表明清晰而明确的意志力，和人的自由能力，同时表明一个人好坏善恶的动态观念。

这不只是一个情感意识，这还是一个情感意识的觉醒，由情感意识觉醒的是力量。由现在好的情感实现新的情感则好，停滞不前则坏。好是有限度的，坏同样是有限度的，这是知和不知的问题，同时是知和不知的觉醒。知好知坏知善知恶，人才能行动起来。

好人、坏人，都是一个力量的观念，唯一的区别是作用和意义不同。

第三章 决机于两阵之间的概念——《孟子》概念

这是关于现在行动的概念，时时刻刻都处于抉择之间，这是动态的抉择。能动则生，静止则死。失去抉择于两阵之间的能力则意味着死亡，掌握抉择于两阵之间的能力则就是生活。

《孟子》

　　《孟子》，所论述的是人的自然的气势，即决机于两阵之间的气势。

　　获得力量而表现，人面对更高的存在而抉择。利益是基础，然而更高的意义实现的是超越自我的气势。义与利的抉择所标明的是一颗行动之心，其中有情感之心、力量之心，最终实现仁者之心。其心表现自我于群体之中，由个体利益而组建运作机制，实现超级的行动能力。

　　利的本质是发挥人自然的欲望，它表现了人自然的情感和力量。在此基础上实现人与人之间的利益，则实现义。义是一个群体的概念，它实现群体超级的行动，而为大义。孟子曰："未有仁而遗其亲者也，未有义而后其君者也。王亦曰仁义而已矣，何必曰利？"（《孟子》）王代表着集体，集体的行动是向外运作，由这个运作而实现内在的统一则获得仁义。不用言利，使人获得利益，其行为自然的具有群体大义。

　　义与利的抉择，是人性的抉择，彼此的作用缔造的是仁义。这是超我的两阵，并不是要否定某一方，或者肯定某一方，而是创造新的行动统一双方。利，使人的行动具体而真实，义，使人获得群体的力量而强大，人则表现出其自然的气势。把握了利的本质则实现了利的群体的方向，没有利的真实存在，仁义将失去其自然意义。追求利益是人们实现自我的本能和欲望，仁义只是突破其私利短浅的目标。这里的关键是一个情感之心和力量之心，它们的意义在于行动而获得新的利益。仁义孝悌，都只是力量运作而行动的形式，不同的是它们强化了群体运作的机制，赐予个体超级的行动能力。

　　力量的形式发生了变化，同时力量之心发展到仁者之心。这不只是慈悲之心，而是强者之心，在其内心并不是没有敌人了，而是将敌人看做一个力量。这里没有恨，有的只是力量运作，它实现的是人的自然的意志。义与利以超级的力量形式统一于集体行动，然而必须有这个能力然后人性化，必须认识人的情感意义然后实现其自然意志。这就是仁，其"仁者无敌"（《孟子》）。

　　将利溶于义的形式是，实现利能动的自然本质，确立群体的力量行为。所谓仁义，就是利益的人性化知性化，进而力量化自然化，这个自然就是群体。所谓仁者，就是由个体而群体，实现超级力量的作用，其强大的气势就是人的自然的气势。

　　将利溶于义，发挥人的欲望意志实现人的力量能力，人则自我实现而获得群体行动者，天下无敌。

大丈夫

大，象征着做大做强的自然现象；丈夫，象征着家的责任与担当。

自然之道就是做大做强，为人之道则秉承自然之势而做大做强。家就是这样的一个自然的单元，它秉承自然而创造力量，及其人性情感的形式。撑起一个家而顶天立地为丈夫，秉承自然之势而做大做强为大丈夫，其中人性情感的力量形式所缔造的是仁义。

自然界以力量求发展，强存弱食唯此一途。然而人类有所不同，他以仁义的方式实现力量意志，而在于更强更大。孟子曰："人之所以异于禽兽者几希，庶民去之，君子存之。舜明于庶物，察于人伦；由仁义行，非行仁义也。"（《孟子》）人与禽兽相差的那么一点是什么？那就是不停止。禽兽止于温饱而人则永不停止，禽兽为了生存而战斗人则为了创新存在而战斗。舜帝明察人伦情感，他由仁义而行行的是力量文明之道，力量与责任相得益彰其形象是光明正大。

人的形象，不只是有力量的强大，还有礼仪道德文化。其人"居天下之广居，立天下之正位，行天下之大道。得志，与民由之；不得志，独行其道。富贵不能淫，贫贱不能移，威武不能屈，此之谓大丈夫。"（《孟子》）广居、正位、大道，是其行动必然的效应，是人性善强大的形象。不受富贵所限制，不受贫贱所影响，不受威武所阻碍，表达的是做大做强的自然力量。得志与不得志，不失其战斗意志，表现的是文化的力量。

发挥力量作用，实现其自然地责任与义务，则获得了人性的表现形式。力量代表着自然，责任与义务是其人行动的情感基础，对力量的渴望是情感的自然形式。仁义是在这个能动的基础上实现的，没有这个基础也就没有仁与义。获得力量，获得情感，则获得自我的担当。仁义并不是目的，而是创建一个超级的力量体系，从而担当群体的行动。

为人之道确定下来了，那就是强大之道。其中有承担，这里承担的是创新而生活，这里承担的是力量意志。同时，一个力量获得仁义，一个人获得了情感的力量形式。尽管此时担当的是自我的情感和力量，进而担当的是群体的意志，但是自然力量获得了光明正大的形象。其人，由仁义而行，行的是力量之道，也就是光明之道。

自然大道就是群体之道，也就是做大做强的力量之道，那么，大丈夫的含义不只是指个人行为，而是指群体超级的行为。

良　知

　　良知，所表示的是恻隐之心，而实质是力量之心。

　　认识到自我的力量和情感是自然的，其自然的属性是发挥和运用，则确立一个良知的基础。由此而产生行动，在行动中实现一个整体的观念，以此发挥自然的力量和情感就是良知。这是力量与力量之间的事，其恻隐之心是关于一个力量获得其表现的感知。

　　共同的意志，战斗的情怀确立了你我的存在，也确立了存在的意识。相互的力量作用实现了具体的行动行为，也实现了一颗恻隐之心。"所以谓人皆有不忍人之心者，今人乍见孺子降入于井，皆有怵惕，恻隐之心，非所以内交于孺子之父母也，非所以要誉于乡党朋友也，非恶于声而然也。"（《孟子》）这是自然的情感，但不纯粹在情感本身，而是表现彼此共同存在的意义。这是共同的情感，共同存在的感受。认识这一点是良知的基础，实现它的行动，发挥其战斗的情怀才是良知。

　　力量与力量的认识对应着存在与存在的认识，表现在心理意识上就是"不忍人之心"，而实质是一个力量表现之心。在相对的力量作用中，实现的是自我，表现的是自然的情怀。这里涌现出四种心态，即四种端倪。这"四端"标志着人的力量形式的确立和群体意识的建立，那就是恻隐之心、羞恶之心、辞让之心、是非之心，它们分别对应着仁义礼智的行为。然而这只是一个开端，且永远只是一个开端。仁义礼智表现了自然的情怀，组建了力量运作的机制，它们只是预示着一个新的开始。

　　获得力量抓住自然的情感，则一切都在掌握之中，其蔑视一切的气势就是作为一个人的气概。这是由不忍人之心开始的，它培养的是浩然之气，实现的是力量作用的情怀。孟子曰："吾善养吾浩然之气"（《孟子》）孟子所养的是一个人自然的良知，培养它则具有战胜一切的能力，具有把握一切的意志。这是力量自然的表现，同时是一个人在群体之中的表现，它表现的是强大。

　　不忍人之心就是良知的基础，就是关于存在意志的认识，它是存在之心。其实质是力量的超级状态，它是在力量作用之中获得的，并以此认识力量作用的意义。

仁　勇

由人性情感，赋予力量爆发的意义，就是仁勇。

这里是取与舍的战场，由硝烟弥漫的战火泛指生活的不同的领域，取舍是人人必须面对的。杀伐果断取舍有义，从容决机于两阵之间，包含一个情感意识的突破。有取必有舍，取舍之间，觉醒的是力量意识，获得的是人性善的大义。

强大的力量明确的意志，确立于两阵之间，应用于取舍之时。"鱼，我所欲也，熊掌亦我所欲也；二者不可得兼，舍鱼而取熊掌者也。生亦我所欲也，义亦我所欲也；二者不可得兼，舍生而取义者也。生亦我所欲，所欲有甚于生者，故不为苟得也；死亦我所恶，所恶有甚于死者，故患有所不辟也。"（《孟子》）鱼与熊掌虽然珍贵但有区别，舍鱼而取熊掌是熊掌战胜鱼的行为。生是本能的存在自我的存在，义是责任的存在超自我的存在，舍生而取义是义战胜生的行为。不避祸患勇往直前，是个体战胜自我的突破行为，预示着人性自然的强大。

取与舍的最高形态是仁义，相应的这也是力量最强大的形态。"自反而不缩，虽褐宽博，吾不惴焉；自反而缩，虽千万人，吾往矣"（《孟子》）仁义不在我，既就是再弱小的人，也不去恐吓他；确认仁义在我，则无往而不前。这是仁义的抉择，把握仁义获得先机则为自然。此时是自我的最佳状态，是完全爆发的力量时刻。

其人，"人有不为也，而后可以有为。"（《孟子》）这是仁义礼智信的力量表现，是决机于两阵之间的人性的行动能力。他运用力量表现自己，并赐予力量以意义，这个意义就是由力量作用实现仁义时刻。

有所为而有所不为，在于理念通达，无愧于天地良心，其结果是勇往直前。

性　善

性善，表述了一个整体的情怀，确立了一个行为意义。

善的意义代表人的长处，而知善能善则预示着一个整体的运作方向，这个方向就是善。性是自然的力量本能，善是在彼此的作用之中创造的新的东西。就是说善的意义是群体的是动态的，同时性的意义也是群体的动态的，只有实现群体的行为意义才是性善。

与人为善，就是使人行动起来，最终创造群体的行动。群体象征自然，实现其自然的行动则性善。孟子曰："大舜有大焉；善与人同，舍己从人，乐取于人以为善；自耕稼、陶、渔以至为帝，无非取于人者。取诸人以为善，是与人为善者也，故君子莫大乎与人为善。"（《孟子》）舜帝发挥人的长处，表现了自然的善。那么，自然存在的意志为善，它预示着自然存在的本性，即性善，其实质是发挥人的长处。

发挥人的长处，发挥的是力量，这毋庸置疑；群体的行动整体的运作，发挥的是超级的力量，这毋庸置疑；无论是个人还是群体，其力量的作用是对外的，这同样毋庸置疑。那么，与人为善，就是怀着一个力量的情怀。这是由个体而群体而天下的力量过程，其中个人和其群体，以其自然的情感而合一。天下象征超级的存在无限意义的存在，同时象征群体运作的无限的可能，预示着人的力量可以强大再强大而无限的发挥，这个无限的意义就是性善。

一个整体的情怀，犹如一个家，它从内心深处激发一个人力量自然地意志。孟子曰："尽其心者，知其性也。知其性，则知天矣。存其心，养其性，所以事天也。"（《孟子》）尽心就是尽力，只有尽到了力量，才能实现其自然的作用，认识其自然的本性。认识力量自然，才能了解天地自然的强大再强大的无限的意义。由此，怀着一颗力量之心，实现自我于群体国家，其意义是获得性善的无限意义。

　　性善的意义在于突破一个人个体情感的好与坏，在于由好与坏而产生的超级的行动能力，在于实现一个整体行动的情怀。这预示着实现其行动实现其力量作用，在天下这个更大的群体之中。孟子曰："乐以天下，忧以天下。"（《孟子》）表述了这个整体的情怀，意味着一个人这样的认识和其性善的行为。

　　天象征着无尽无限，天下象征着超级强大的群体行为，性善则象征着人由个体而群体而自然无限的脚步，及其超级强大的行动能力。

仁　政

由人性情感出发，实现人的力量能力抒发情怀，就是仁政。

情感的含义是美好的，但不只是一个美好的愿望，还有力量的真实财富的基础。实现其力量的作用获得财富的利益才有情感，发挥其情感的意义才有仁政。

财产是个体情感的所在地，创造财富实现人的自然情感，是仁政的具体形式。孟子曰："无恒产而有恒心者，惟士为能。若民，则无恒产，因无恒心。苟无恒心，放辟邪侈无不为已。及陷于罪，然后从而刑之是罔民也。"（《孟子》）恒产与恒心表明了人存在的实质，这是力量与力量之间的认同，并由此而建立伙伴关系。物质是存在的基础，情感是存在的意义。人只有获得稳定的财产才有明确的观念和准则，才能理解情感的自然意义。脱离这个基础，则就是"罔民"。

以人的情感方式实行的政治方针，就是使人实现其力量作用，获得其财富的利益。人的情感具有两层含义：认同的情感方式和共同的行为意志。认同的情感方式指由力量的作用而实现的伙伴关系，共同的行为意志指突破自我突破现在而自然的力量行为。在财富的基础上建立力量机制，发挥个体利益的自然功能，则构成个体自我的动力机制。以此实现人自然的情感，标志着超人的力量在现实中的确立。

自我的，即私人的，私有的。其真实性是力量作用的自主和其财富的所有权，其中的含义标志着一个自然存在的单元，一个自我的形象。此时一份自然的情感获得确立，这份情感是发挥的情感，是行动而表现的情感。人因为这份情感而具有新意，个体的现象发生了质的变化，这个变化是因为它对世界的私有的划分，这是迈步而行动的起点。以其行动，追求利益的物质的形式化作力量的基础，由利益而获得的激情化作生活的基础。

这是突破，突破的是静态的认识，实现的是动态的意志。发挥私有的物质形式，实现共同的力量行为。财产是自然运动的形式，静下来认识是私产，动起来认识是共产。

那么，实现流通，创造新的意义，就是仁政。

与民同乐

民，象征着人民大众，同时象征天地自然运动的主体。其概念是动态的主动的概念，它表现了力量表现了情感，还表现了一个不可阻挡的大势。与民同乐，就是与自然大势同乐，或者说为大势服务，其性质是顺从。

王，特别是贤王，古老的含义是走在最前面的人。贤王由大势而产生，并带动大势而行动。民众对贤王的爱戴是发自内心的，它们是同伴关系，彼此是整体行动的一部分。"吾王庶几无疾病与？何以能田猎也？此无他，与民同乐也。今王与民同乐，则王矣。"（《孟子》）此处的王，不是称王称霸，而是实现整体的动态。在这个整体的动态中，个体实现自我的情怀，其中的快乐是统一行动。

自然地意志就是表现而实现超级表现，其中的关键是力量的实现形式，民族国家就是这样的一个形式。民、社稷、君，构成表现的三大环节，实现对外的力量作用。民代表自然的力量意志；社稷就是国家就是大家，代表一个持续运作的机制；君为交接点，君的意义在于实现运作，表现人民的意志。孟子曰："民为贵，社稷次之，君为轻。"（《孟子》）在行动中，民是主体，国家是其力量形式和组织机构，君只是其代表。

整体的运作大家的意志代表自然，具体的某一个人的表现只是一个变化，然而实现个体的表现则实现整体的运作。孟子曰："老吾老，以及人之老；幼吾幼，以及人之幼；天下可运于掌。"（《孟子》）人人都有老都有幼，人人都有情感，这是自然的情感。发挥其自然的情感，使其实现其自然的表现，则整体实现运作。这不只是一个情感的事，这是一个关于整体的力量意识。

情感不是静态的，也不是目的，它实现的是超级的行动意志。尊老爱幼，就是这个超级的认识。它认识到个体，认识到整体，所确立的是自然大势。具体的意义是建立一个人与整体的关系，而后实现整体与个人的关系。人代表力量，整体是这个力量表现的平台，平台为力量服务。自然的意志不以情感而变化，相反情感是自然意志的表现，由此而实现的人与整体的关系是力量自然的关系。

服务的实质是实现其情感的形式，即由个体的行为意志而实现社会的动力机制，这里实现了一个身份的转换。那就是由封建统治而转换成服务，由个人的情感而转换成整体的需要，服务不是某一时的爱好也不是某一时的兴趣。那么，整体的意义是实现人的情感意志，这个过程是无限的，就是说整体是动态的，它对外行动。

与民同乐，是整体行动的快乐，每个人都参与其中。个体获得表现的平台，平台服务于个体的表现，彼此的运作实现的是整体的大势。

大　任

自然运动生生不息，人秉承其意志而生，运动则生停滞则死。

那么，生的责任，就是关于生命意志的认识。于是，实现自我的力量意志，表达自我的生命情感，就是自我的大任。

增加自我所没有的能力，实现自我的表现，就是一个人自然的责任。然而，其忧患在于力量。孟子曰："故天将降大任于斯人也，必先苦其心志，劳其筋骨，饿其体肤，空乏其身，行拂乱其所为，所以动心忍性，曾益其所不能。……然后知生于忧患，而死于安乐也。"（《孟子》）获得责任则行动，在行动中磨炼的是坚韧的性情、强大的体魄、行动的意识，这是新的力量能力。由新的力量所面对的是未知，然而面对未知才有自我，实现创新才有安乐。

忧患意识产生于行动，产生于强大的感觉，它改变人的被动状态而实现主动。被动的状态由本能驱使，主动的状态由责任驱使，那么安乐具有了不同的意义。是安乐于现在？还是按乐于突破现在的激情意志？人的眼光发生了变化，随之，自然万物的存在亦发生了变化。孟子曰："万物皆备于我矣。"（《孟子》）主动的行为改变世界，当你主动而行的时候，万物都准备好了等着你去行动，事实上是你运用万物实现行动。这是力量之行，新的力量必然实现新的作用。

表现自我，则实现自然的责任，力量因为责任而获得生命意义。表现自我于国家，则实现超级的责任，这就是一个力量个体的自然大任。

第四章　由个体竞争而创造群体表现的概念——《道德经》概念

　　一个个体的表现只是一个个体，然而彼此的竞争表现的是群体，群体由个体的竞相表现而来。

　　个体只是一个变化，一瞬即逝，群体则运动存在。这是一个单向的不可逆的创造运动，个体因为一瞬间而珍贵，群体因为运动存在而永远。

　　这就是道，或《道德经》，它表述的是由个体而群体的创造运动。其自然的形式是：优胜劣汰。

《道德经》

　　自然的现象是万物竞相绽放，彼此的不同表现了自然。大地孕育万物，并不刻意干涉某个人，而是由你不同的表现而创造你的存在。

　　在彼此的不同之中，在彼此的力量作用之中，群体被创造出来了。群体是个体表现的需要，犹如自然一样，是更多的表现的需求创造了自然。这是创造之道，其形式是优胜劣汰，其意义是永不停止。

　　群体就是一个运动的平台，犹如大地孕育万物一样，并不刻意干涉某个人，而是服务于每个人。老子曰："天地不仁，以万物为刍狗；圣人不仁，以百姓为刍狗。"（《道德经》）就是说：天地的意志不以某一类个体的情感而改变，它使万事万物表现于天地之中；圣人的目的不以某一些人的情感而改变，它使更多的人将自己的能力展现出来。

　　个体与个体之间的关系是竞争关系，彼此的表现构成了竞相绽放的动力机制，实现了突破与创新的自然意义。个体与群体的关系是衣养的关系，群体只是一个平台，正是个体之间的表现形成这个平台。老子曰："大道泛兮，其可左右。万物持之而生而不辞。功成不名有，衣养万物而不为主。"（《道德经》）就是说：自然之道浩浩荡荡，不可左右。万物以其势而生而永不停步。自然并不以养育之功为功，而是衣养万物使万物自主表现。

　　这就是自然之道，它不干涉个体，而是由个体的表现优胜劣汰。自然万物都是道的产物而不是道本身，当一个个体表现自我实现竞争之时，则就显现了道。得道，得的是主动的力量行为，它融个体情感于自然运动之中。圣人的意义和天地的意义就在于此，他使人们竞相表现，获得自然的力量法则，并将自己的情感熔融于此。

这是一个力量竞争的平台，在竞争之中，虽然残酷但真实。个体在其中确立自己的力量作用，实现自己的表现，抒发自我的情怀。尽管个体只是一个变化，一瞬即逝，但它实现了力量作用表现了自我，同时表现了自然的意志。正是这一个个的瞬间，创造了运动存在。

老子站在自然道的立场看待芸芸众生，他说："众人熙熙，如享太牢，如春登台。我独泊兮其未兆，如婴儿之未孩。"（《道德经》）当人们享受自然的收获的时候，自然之道则悄悄地开始了新的征程，它始终犹如婴儿一样面对的是新的世界。

自　然

自然不是花花草草，而是力量自然。

每一个艳丽的表现，都是力量的表现，这是表现自然。抒发自我的情感表现自我，而实质是创造自然，因为每一时每一刻都是新的创造。

万物各具形态，其不同的形式特殊的功用，表现了个体意志。透过个体的不同的形式现象，力量以其自然的法则，实现其能力发挥其作用。存在必然以个体的形式存在，并以个体的意志而表现。帝舜曰："诗言志，歌永言。"（《尚书》）个体的意志展示存在的声音，存在就是歌，其物质的形式就是自然表现的言语，一切都不是默默无闻。

个体表现，表现在相互作用的彼此之间，力量作用是基础。相互的作用产生此时此刻，每一刻都是新的时刻，其每一刻的法则是优胜劣汰。日升月落，春夏秋冬，标志着新生和死亡，法则的力量创造的是运动存在。老子曰："人法地，地法天，天法道，道法自然。"（《道德经》）这是一个运动整体，物质个体以其稳定的形式而构成真实的基础，生命个体以其能动的形式而站在巅峰之上。

物质个体之间相对的运动是同步的，生命个体之间相对的运动是能动的。在生命个体之间，创造了存在的情感形式，这是超级的表现形式。将自我的力量发挥出来，获得其情感意志，实现的是超级的运动状态。情感的形式就是新的力量形式，其自然的现象是爆发，其人性的意义是更高更快。这也是自然创造的旨意，因为，这个世界是一个创造自我而表现的世界。

一切都是一个力量自然的作用，一切都是一个战斗的结果，它突破现在而表现自我。其力量本能的行为表现的是自然，然而突破的感知却是自我的，它确立了生命存在的情感意义。我们的一举一动一言一笑，都是一个力量的作用，它突破的是现在，表现的是一个持续的意志，那就是存在的情感，即运动而生的意志。

这里不存在自然而然，自然而然是把你的力量完全发挥，其生则自然而然。其中的核心是力量意识，人的力量是有限的，然而战斗的意识无限。

在战斗中突破自我，在获得爆发之时，其存在则自然而然。

无

　　一件东西或者一个事物，在它没有被创造出来之前，是不存在关于它的有和无的，只有当它被创造出来之后，人们才知道以前没有。就是说：有和无都是被创造出来的存在，它们不是本来就存在的。

　　无的意义，就是现在还没有的事，就是先人们还没有做过的事，它预示着一个无限动态的前提。有和无，描述一个事物的存在，但这里描述的是一个动态的现象。天地万物都处于运动之中，不能静下来认识一个事物，它的名字叫什么或者是什么，更不能静下来确认有和无。

　　无，时刻映衬着有，它使有的创造行为动了起来。进而，无映衬着自然创造，由其创造才有现在和以前，或者现在和以前有没有，无的意义直指创造本身。老子曰："道，可道，非常道；名，可名，非常名。无，名天地之始；有，名天地之母。"（《道德经》）就是说：道，是人人可以理解的，但是它表述的不是平常静态的而是运动之中的道；名，是可以表达清楚的，但是它表述的不是某一具体的名而是其表现之名。无，这个名称表述一个开始的现状；有，这个名称表述一个新的创造。

　　"天地"，表示相互作用而产生万事万物，这是自然创造；"有无"，表示人性的创造，人们以新的东西而创造生活。自然的脚步是不停止的，人性的脚步也是不停止的，无这个概念形象地描述了人性的脚步，秉承自然而始终处于开始的现状，并映衬着有这个概念，时时换新颜。有和无，共同展示一个新的表现，表示人们开创新生活的步伐。

一个新的表现，同时实现了有与无的创造。这是天地之间的神奇，或可称为玄妙，然而是出自于双手之间的真实。"故，常无，欲以观其妙；常有，欲以观其徼。此两者同出而异名。同谓之玄，玄之又玄，众妙之门。"（《道德经》）所以，时常将自己的所得变化成基础，就可以得到自然进步的玄妙；时常获得日积月累，就可以站高一步获得更远的信息。无和有所表示的是同一件事，只是角度不同名称不同。无和有同样深远而玄妙，有相对于无而存在无因为有而获得真实性，两者共同作用实现创造之门。

"常无"就是将自己的所得变成基础，实现新的行动；"常有"就是日积月累而爆发。实现了有和无，就实现了无限的动态，它们预示着万事万物的存在。于是，无就是创造本身，有就是万事万物。

这里创造的是存在，那么，有和无，就是存在的大门。这是创造的大门，而实质是创造运动之门。

无 为

自然的大势就是无为，它创造万事万物，但不为万事万物而停留。

每一时每一刻，每一事每一物，都处于这个大势之中。就是说现在的现状是处于创造之中，身在其中的你本身就是一个新的创造，没有陈旧而永世长存在东西。那么，无为，就是创新而生。

把握了创新而生也就是把握了现在，将现在的力量发挥出去，所获得的是新的力量。所以老子曰："是以圣人处无为之事，行不言之教，万物作焉而不辞。生而不有，为而不持，功成而弗居。夫唯弗居，是以不去。"（《道德经》）所以圣人所做的是创新的事业，行自然力量的法则，万物由新的力量运作而不停止。圣人创新存在但不受它限制，实现自己的作为但从不持有它，创立功业但从不止步。正是因为不止步，功绩才不会离他而去。

有和无的认识，克服了变化一瞬即逝的无常现象，确立了运动的常态，和存在本身。那么，从无到有的自然的过程，赋于了存在以生命，并赋予了生命自我觉醒的力量。这是自然运动的结果，人们意识到现在，意识到周围世界，还意识到美善丑恶。"天下皆知美之为美，斯恶矣；皆知善之为善，斯不善矣。故，有无相生，难易相成，长短相形，高下相倾，音声相和，前后相随。常也。"（《道德经》）善恶、美丑，有无、难易，长短、高下，声音、前后，是关于此时此刻处于动态的相对的认识，其动态就是常态。

　　这不仅仅是一个关于动态的认识，这还是关于力量自然的认识，明白美丑善恶的情感形式之下是力量形式，明白自然的位序不以人的情感意志为转移，它以新的力量依次展列。善与恶的同时产生指示了个体存在的这个方向，而其相对作用则实现了情感的现实形式，那就是创新而生。

　　所谓的无为，标志着自然的大势，象征着人性情感的新意和强大。

无为而治

　　电灯、汽车、飞机等等，在没有创造出来之前则无，但是创造出来之后，它们的作用则改变了世界。这就是无为而治，因为它们的作为在以前没有。

　　它们都是新的东西，并且都是在竞争之中创造的，在竞争之时往往激发的是超我的力量，而改变的是现在。那么，无为而治，就是创造现在还没有的东西用它来治理世界，而实质是确立竞争及其法则。这是自然法则，也是人性法则。

　　竞争代表着激情，处于竞争之中人则处于动态，其时有欲望还有知识。就是说将个体的欲望和知识表现出来，发挥出去。"是以圣人之治，虚其心，实其腹，弱其志，强其骨，常使民无知无欲。使夫智者不敢为也。为无为，则无不治。"（《道德经》）因此圣人的治理原则是：使人保持不满足的心态，确立强大的行为能力，减少一时一地的志向，从而获得强大不衰的意志，时时处于力量状态将知识发挥出去将欲望表现出来。这样，一些自以为是的人投机取巧的行为则难以有所作为。激发新的行为创造新的东西来改变现在，那么则没有什么治不好的。

　　知识发挥出了作用，欲望都表现出来变成了行动，好像什么都没有了，而实质是一个新的力量的创造。这是整体的力量状态，或者说是竞争状态，"无"的概念就是此时此刻。无为而治，就是奠定此刻的秩序确立个体的活力，实现群体的力量状态。人性的知识，高尚的情操，化作力量机制，这是超级的自然状态，也是真实的自然状态。超级的是力量的超强大，真实的是人行走在自然的巅峰，人性情感发挥力量的作用。

老子曰："不尚贤，使民不争；不贵难得之货，使民不为盗；不见可欲，使民心不乱。"（《道德经》）所奠定的就是这个秩序。就是说：不要过分扩大圣贤高尚的作用而使人脱离竞争，而是强化群体的竞争意识；不过分看重稀有难得之物，而是脚踏实地一步一步做强；不以诱人的东西扰乱民心，而是保持市场的秩序。这是个人与群体的力量关系，或者说是一个群体的力量状态，这里流通的是力量。

一个群体的存在必然有其体系，这是服务于个体的体系，是情感智慧的超级运用。其中个体在流通中实现超我的能力，彼此的关系是一个对外运作的关系。个体以其力量而实现竞争，群体实现个体竞争的平台，并将个体表现在一个新的领域。此时，服务的是新的表现，力量自然的发挥作用，人为的作用降到最低。

人为的作用降到最低，相反，人性情感的意义获得持续发展，人们在强大之中与自然合一。这是创造而治，创造的是超级力量，治理的是运动存在，人们抒发的是激情意志。

道

　　万事万物都是创造出来的，自然之道就是创造之道，生养之德就是再造之德。

　　然而，再造的是什么？再造的是力量，及其新的表现。自然之道，即力量自然，在于力量创新。那么，道，就是发挥力量的作用而优胜劣汰，其意义是永不止步。

　　一个力量作用，它创造了一个变化，其变化一瞬即失。然而对其变化的运用，确立其存在意义，创造了万事万物。老子曰："道，冲而用之，或不盈，渊兮，似万物之宗。"（《道德经》）道运用变化而创造新的意义，其新的意义不随着力量作用的消失而消失，不随着具体形式的消亡而消亡。它的意义影响深远，犹如万物的宗主，而创新万物的存在。

　　"冲"是以人类的感知方所范畴出的一个能动性的形象，它冲向未知。其所表示的方式是力量的，是以力量的具体形式表现的一个变化。这个变化以其力量的作用的消失而消失，以其形式的消亡而消亡。然而，天地自然的意义不是这样的，天地以新的意义而存在，付出的是力量获得的是生的意志。

　　老子曰："天地之间，其犹橐龠乎？虚而不屈，动而愈出。多言数穷，不如守中。"（《道德经》）天地运作犹如风箱，它由两部分组成，一是来回的运动，二是持续的获得。运动不止，获得不止。人在天地之间一样，只有运动不止才能获得存在，否则就是不存在，即死亡。这就是自然法则，它不需用太多的言语来表白。其中的道就是对生的变化的运用，此处运用的是力量，发挥的是变化，创造的是激情意志。

"中"就是处身在运动之中，而不停止。由力量作用而实现的一定形式的变化不是运动，就是说止步于现在的现象是非存在的现象，它脱离了运动自然。由变化所创造的激情意志，才是自然运动的奥妙，它实现的是不停止，我们都身处其中。

生养万物的道是不死的，它不受任何形式束缚，在突破现在的形式之时创造新的形式。优胜劣汰是其法则，其创新而生创造的是奇迹。那么，现在以自然的无限意义而存在。

功成身退

功成身退，就是再行一步的意识，即功成身进。

再行一步的意识，是关于现在的力量意识。这是一个向外看的眼光，它决定一切。它看到了新的东西，紧接着的是行动，行动创造一切。

对于个体来说天道自然就是运用之道，其运用的是自我，其核心是再发挥。发挥现有的才能实现天道，不受现在的限制才能获得自我，具体的行为意识就是再运用。老子曰："富贵而骄，自遗其咎。功遂身退，天之道。"（《道德经》）富贵而又骄傲，定会承受富贵带来的祸害。成功而再行一步，才是自然存在的道理。

再行一步，本能地将现有的形式化作力量形式，并改变了既定的观念。这是突破约定成俗，突破自我的观念，但是有多少人能够做到？"载营魄抱一，能无离乎？专气致柔，能婴儿乎？涤除玄览，能无疵乎？爱民治国，能无为乎？天门开阖，能为雌乎？明白四达，能无知乎？"（《道德经》）你能把精神和意志合二为一，永不分离吗？你能把精气调和的十分柔和，像初生的婴儿一样具有无限的潜力吗？清除内心的杂念集中统一在一起，能没有一点瑕疵吗？爱民治国，能让百姓自我发挥自我实现吗？天地运动之门一开一合，你能做到时刻处于准备开通的状态吗？聪明通达，你能够做到摆脱它的知识更上一城楼吗？

这不是观念的改变，而是观念的强大。人们认识到现在处于动态，身处于运动之中而不能停步。将所得化作力量发挥出去，则人获得动态并以此获得自然的大势，此时人表现的不只是自我还表现了自然的意志。

　　一切都是自然的意志，关键是不留恋现在，而是突破现在再行一步。

混 一

　　人们的认识能力是有限的，在这个有限的范围内人们可以认识这一个那一个，在这个范围之外万物则混而为一。

　　这不是静态的混而为一，而是动态的表现了自然运动。每一个个体都是力量的个体，它们以自己的作用结合在一起，彼此的作用确立相互对抗的关系。在对抗之中，个体的形式，化作最原始的力量形式而混一。

　　这是一个行动的观念，所表现的是你在行动。发挥力量作用确立动态，所有的表现形式混而为一。老子曰："视之不见，名曰夷；听之不闻，名曰希；搏之不得，名曰微。此三者，不可致诘，故混而为一。"（《道德经》）就是说，在你分辨不清楚的时候，所有的存在形式都只有一个形式，那就是力量的形式。同时，所有的存在都处于对抗之中，或者说运动之中。事实上，你能分辨清楚的，包括你自己在内所有的存在，都处于对抗之中，或者说运动之中。

　　自古今来，所有的事物都处于对抗之中，或者说运动之中，现在同样如此。那么，存在之前并非晦暗不明，存在之后也不是虚诞不实，它们都处于对抗之中，或者说运动之中。老子曰："迎之不见其首，随之不见其后。执今之道以御今之有，能知古始，是谓道纪。"（《道德经》）就是说：自然运动从前头看看不到它的开始，从后头看看不到它的结尾，事实上只有开始而没有结尾。依据现在的知识发挥现在的力量就是一个开始，由此就能了解原始的开始，这就是自然之道的运动原则。

自然运动无始无终，无古无今，其整体性就是一个开始的动态意志。古往今来就这么一个状态，那就是开始的状态。因此，将你的力量、情感、知识，表现出来就是开始，它预示着你融入了自然。由是，现在的意义具有融古往通未来的混一性，此处混一的是力量，混一的是行动，混一的是自然运动。

这不是简单的混合，而是由情感知识爆发出新的力量，在对抗之中混一。其突破自我的状态只是一个开始的状态，其力量作用创造了往和来。

静

静，不是静止，而是能动。

静描述的是爆发前的那一刻，即爆发的前奏。如果不能爆发，只是静止或者平静，那只是死水一潭。

自然的意义是动，虚相对于实，静相对于动，其自然的意义是再一次爆发。老子曰："致虚极，守静笃。万物并作，吾以观复。"（《道德经》）这里的意义在于"复"，那就是持续的爆发。"虚极"和"静笃"都是一个积聚力量而蓄势的过程，它们唯一的意义就是爆发。

老子在此的意义是告诉人们，自然赋予人的意义在于实现再一次爆发。爆发只是一个变化，或者说一个力量的作用。但仅止于此，则失去了自然的意义。人所表现的不仅仅是这个变化，人所代表的是自然的意志，那就是永不止步。其中虚和静就是再一次爆发的能力和先机，它预示着一个人向前看的眼光。

再一次爆发，实现的是自然的意志，个体则超越变化而运动起来。获得运动则获得生命意义，虚和静能动的表述了这个生命意义，它构成自然运动的核心，是万事万物的根本。老子曰："夫物芸芸，各复归其根。归根曰静，是曰复命。复命曰常，知常曰明。"（《道德经》）就是说：自然万物表现各异，但都以其表现而确立运动。获得运动则叫做能静，目的是为了获得在一次爆发的命令。获得再一次爆发就是自然的常态，知道这一点则明了一切。

　　这是一个自我认识的过程，不只是认识到自我，还认识到自然的根本就是运动存在，进而获得自我的使命。"根"，就是自然运动；"命"，就是自然运动的命令；"常"，就是运动存在；"明"，就是认识自己的使命。能静，则获得命令，紧接着就是再一次爆发，而后认识自己，完成自己的使命。

　　获得静的能力则获得能动的先机，积聚力量再一次爆发，这不是人为的作用而是自然的命令。

朴 实

朴实，是自然最强大的观念，其意义是力量的真实。

力量作用奠定一切的真实，个体的情感群体的意志，都是力量的新形式，它们不能脱离力量而独立存在。由情感而实现其力量作用，就是朴实。

人由情感而凝聚在一起，组织群体建立国家，其意义在于实现新的表现。这里的表现不是情感，而是力量。情感是力量表现的情感，它产生于父子之间，产生于君臣之间，但其意义不在此，而在于对外的行动。如果只是表现出一个情感，则失去自然的意义。

老子曰："大道废，有仁义；智慧出，有大伪；六亲不和，有孝慈；国家昏乱，有忠臣。"（《道德经》）就是说：如果自然的力量之道被抛弃了，那是因为仁义成了目的；聪明才智脱离力量，就会出现虚伪的行为；如果父子兄弟夫妻不能实现其自然的力量意志，那是因为孝慈成了目的；国家不能实现统一意志，那是因为忠贞成了意义。

仁义、智慧、孝慈、忠臣，是情感但不是目的，它们只是一种力量的形式，或者是一定的认识。它们的意义是实现一个超级的力量意志，而创造其新的行动。自然大道是力量之道，而不是某一形式的目地，或者是某一个情感一时的认识。随着情感的发展知识的强大，个体的行为和整体的行为都发生了不同形式的变化，但力量意志不变。其整体作为一个超级个体，它实现的是超级的力量作用，创造的是新的情感。

新的情感运用的是新的力量，将所学的东西发挥出去，则获得新的力量。所以"绝学，无忧。绝圣弃智，利民百倍；绝仁弃义，民复孝慈；绝巧弃利，盗贼无有。此四者，以为文不足，故令有所属：见素抱朴，少私寡欲。"（《道德经》）就是说：将所学的运用出去，则就没有困扰。将圣贤的智慧化作行动，则利民百倍。将仁义的作用化作力量，民众就会创造新的情感形式。将技巧和利益化成运作机制，则就不会有盗贼。这四条，文字表述有所不足，所以再深刻的描述一下：确立力量的作用奠定行动的真实，实现自己的利益从而将自己的欲望都发挥出去。

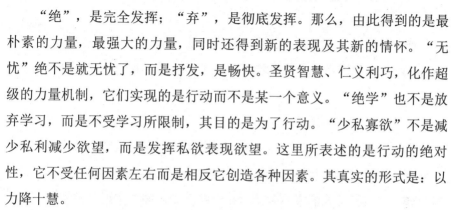

"绝"，是完全发挥；"弃"，是彻底发挥。那么，由此得到的是最朴素的力量，最强大的力量，同时还得到新的表现及其新的情怀。"无忧"绝不是就无忧了，而是抒发，是畅快。圣贤智慧、仁义利巧，化作超级的力量机制，它们实现的是行动而不是某一个意义。"绝学"也不是放弃学习，而是不受学习所限制，其目的是为了行动。"少私寡欲"不是减少私利减少欲望，而是发挥私欲表现欲望。这里所表述的是行动的绝对性，它不受任何因素左右而是相反它创造各种因素。其真实的形式是：以力降十慧。

知识智慧更加真实的表现了私和欲，然而它们是运用和发挥的私和欲，真正地运用和发挥后才是大公无私。在运用之中，在发挥之中，个体的具体的形式和智慧都化作力量形式。由个人的私利和欲望发挥力量，就是真实；将智慧和仁义发挥出去，就是寡欲；由此而表现的行为，就是朴实。

运动形式

　　万物都处于运动状态，表现的形式千姿百态，然而最终的形式是一静一动。静表示积聚力量，动表示突破现在的束缚，而一动一静则表示做大做强。

　　这里产生一个整体的观念，那就是能动性。它由具体的形式而表现，由突破其形式而运作。其具体的形式就是个体，它是自然能动的单元。个体秉承自然而表现，获得新的力量而运作，并突破其形式的束缚。获得力量为静，突破其形式的束缚为动。在一静一动之间，实现其独立性，每一个体都是独一无二的。

　　静是基础，动是突破而表现，其中个体处于恍与惚之间，象征着一个力量的作用。在此基础上实现做大做强，个体则处于运动状态。表面上它没有静只有动，从而表现了存在的神奇，那就是真实，还有强大的信义。老子曰："孔德之容，惟道是从。道之为物，惟恍惟惚。惚兮恍兮，其中有象；恍兮惚兮，其中有物；窈兮冥兮，其中有精。其精甚真，其中有信。"（《道德经》）做大做强的品德容貌，随运动之道而展现。道创造的事物是处于动态的，它处于恍与惚的状态。惚与恍之间，表现出存在的现象；恍与惚之间，表现出个体事物的新形象；在神奇与奥义之间，表现了存在的精髓。其存在的精髓是真实的，它表现了做大做强的信义。

　　这是强大之旅，力量之旅。认识万事万物的真实性，从这个旅途开始。其一步一步走来，实现了强大之道，表现了运动的形式，同时展现了自然的神奇和奥义。其形式就是否定和运用，若没有否定则一成不变，若没有运用则无以表现。想想看，我们是多么的神奇，一举一动都代表着自然的奥义。种一棵草，尽一份孝，冒一个险，这是自然地旨意神的旨意。但其真实性是不停止，将现在的所有化作力量再行一步，所获得的是强大的信义。

运动的形式就是否定和运用，否定的是现在，运用的是力量，表现的是存在。它虽然不能脱离物质的形式，但是它具有脱离物质形式的能力。在运动之中个体处于惚与恍之间，它一方面突破物质形式实现动态，一方面依据物质的形式获得真实性。每一个个体的运动状态都是突破自我的状态，是自我否定与肯定的现象。其具体的形式只是动与静的载体，它的个体的特殊性已不重要。虽然难以想象但它真实存在，并且在万事万物中始终如一。这就是道，即运动之道存在之道，其实质是力量之道强大之道。

强大就是真实，运动就是存在，从古到今，其形式永远不变。依据它我们认识世界万物，并认识自己。老子曰："自古及今，其名不去，以阅众甫。吾何以知众甫之状哉？以此。"（《道德经》）

道法自然

自然就是强大，乃至无限的强大。

道法自然，就是实现强大，实现其强大之道。自然的现象是一步一步战斗出来的，一劳永逸的事情不存在。道法自然，所法的就是这个战斗的意志，正是它创造了自然万物。

这是存在法，它存在于万事万物之前，存在于天地诞生之前。人们并不能准确的认识它，但却真实的拥有它，可以用所有的观念来描述它，但只是一个象征的意义。老子曰："有物混成，先天地生。寂兮寥兮，独立不改，周行而不殆，可以为天下母。吾不知其名，字之曰道。强为之名曰大。大曰逝，逝曰远，远曰反。故道大，天大，地大，人亦大。"（《道德经》）这是一个整体的动态认识，人在其中，或者说你在其中。其一步一步做大做强的行为，创造了天地万物，而永不停止。

"大"，就是做大，它表现了一个存在的意志，及其动态的意识。"逝"、"远"，标志着个体的能力之外的存在，尽管个体的认识能力已不可及，但它们真实存在。"反"，指由一定的认识现象而回归自然，由个体的表现而融入整体的表现。"道"、"天"、"地"、"人"，是整体运作的次序，表明人秉承道秉承天秉承地，而站在整体的最前沿。

人由个体而认识到整体并获得整体的观念，从而认识个体的存在本质。那么个体的存在是一个整体中的个体存在，它不是孤立的，其个体意志来自于整体的运动意志。个体属于整体，整体由个体的表现而统一。那么"域中有四大，而人居其一焉。人法地，地法天，天法道，道法自然。"（《道德经》）人的意义由整体的意义而表现出来，标志着最高的运动形态。人运用了具体的形式作用、运用了力量作用的变化、运用了自然创生的意义，而具有自主的能力。这个自主的能力象征着做大做强的自然本源，预示着最大。

预示着最大，则预示着最强的行动力，同时预示着人脱颖而出。于是，道法自然，其意义是人法自然，创新而生。

妙

妙，就是善，善于行，善于做事。其意义是自然创造的神奇。

一草一木，一沙一石，都是自然的创造，这是自然的神奇，而更神奇的是其本身的妙用。一定形式的存在，象征一定的力量作用，其自然的意义是运用发挥和表现。

善，就是表现和行动，或者说最好的表现和行动。老子曰："善行，无辙迹。善言，无瑕谪。善数，不用筹策。善闭，无关楗而不可开。善结，尤绳约而不可解。"（《道德经》）这是运用和发挥，是创造。这里运用的是以具体形式所实现的自然的现象，想想看其完美的行为是多么的玄妙。这就是真实，存在的真实，具体形式的表现和运用就是妙。虚玄的东西只是因为未知而虚玄，或者是神奇，然而更神奇的是具体形式的运用。

力量作用是不可逆转的，这是一切存在事物的真实，此时此刻是绝对的。这个作用由一定的形式实现，其物理现象构成真实的基础，毁坏和创造确立了一个分水岭，那就是运用的玄妙。"是以圣人常善救人，故无弃人，常善救物，故无弃物。是谓袭明。"（《道德经》）就是说，圣人善于发挥和运用。由具体形式所表现出来的能动性，它隐藏在形式之中，表现于运用之时，这就是"袭明"。其意义是创造的光明，是突破力量本能的破坏性而表现出的契机。一定的存在必然是一定的善的表现，但其实质是运用。

　　物质形式的现实意义，构成人类世界的基础。其不同形式的运用，实现了人类意识的现状，那就是行动。"故善人者不善人之师，不善人者善人之资。不贵其师，不爱惜其资，虽智大迷，是谓要妙。"（《道德经》）因此善于发挥的人是不善于发挥的人的老师，不善于发挥的人是善于发挥的人的基础。不尊重老师，不爱惜基础资源，虽然有知识但却是大的误区，两者同时的作用是关键。

　　善与不善之间是相对的，这个相对的就是行动，有行动才有彼此的双方。并且，善与不善是一个整体，这是强大的整体，它在行动之中强大。经验和智慧的自然意义是发挥和运用，此时发挥的是力量，运用的是自然的形式。其个人实现的是真实的奥妙，群体实现的是运动存在的奥妙。

　　一次次的积累，确立了人的存在形式，那就是劳动。所以说劳动创造了人，而其实质是关于力量强大的运用。这毋庸说是一个奇迹的奇迹，劳动创造的是人，人运用奇迹创造了存在。

　　想想看，我们的一举一动，是如此的真实，又是如此的奇妙。

婴　儿

婴儿，虽然弱小，但他预示着无限强大的可能。

这是一个动态的观念，他的能力虽然弱小，智慧的特殊的意义并没有形成，但它具有纯粹的强大之势。现在的意义同样如此，它面对的是明天，表现一个动态的势能。现在的一切等待着发挥，等待着表现，这是其自然的意义。

老子曰："知其雄，守其雌，为天下谿。为天下谿，常德不离，复归于婴儿。知其白，守其黑，为天下式。为天下式，常德不忒，复归于无极。"（《道德经》）就是说：知道强大，则能保持其强大的动力，就像溪流入海。溪流入海，获得自然的品德，犹如婴儿预示着无限强大的可能。知道白天黑夜的变化，则能发挥其变化的作用，掌握天下运作的大势。掌握天下运作的大势，获得自然的品德，犹如自然运动无限无极。

一切都处于运动之中，时时刻刻都只是一个起点。自然的品德智慧的意义，在于将现在的所有发挥出去，确立一个开始获得一个无限的可能。现在的自我，此时此刻的自我，就犹如一个婴儿，因为他面对着明天面对着未知。其自然的意义是，把握现在的作用而获得先机，像婴儿一样确立一个开始，展开其强大之势。

自然运动不是往复循环，一切都不可逆转。运动存在无始无终，没有过去没有未来只有现在，我们所看到的所知道的形形色色的事物，都只是

由仁义而行

现在的表现。在其表现之中，是力量作用是生的激情意志。我们所拥有的一切是自然的，是待于运用和发挥的，就是说现在的一切就像婴儿一样有待于表现。

婴儿，是对现在的自然意义的描述。婴儿就是一个零一个新的开始，他象征原始初始的状态，同时象征着新生，象征着现在无限强大的势能。

抱残守缺

　　抱残守缺，不是安于现状停滞不前，而是面对强者，面对更完美的存在。

　　面对弱者你是强者，面对强者你是弱者，面对更完美的存在，你是残缺不全的存在。这是一个动态的强大的意识，面对强者将自己放置于弱小残缺不全的位置，表现的是超级的行动能力持续的行动能力。

　　面对强者，则自己处于弱势，然而其强大的意志表现的是自然的大势。自然的意义在于无限，在于做大做强。表现在个体就是一步一步强大，其内在的意志是"柔弱胜刚强"（《道德经》）。万事万物都是动态的，其内在的本质是发展，只有在发展之中柔弱才能胜刚强。其外在，则是强大再强大的力量意识，那就是面对强者的主动行为。

　　弱者，是一个相对的概念，它相对于强者。其自然的意义是战胜它，这就是道的运用。得道之人，只是将行为与意识的能力发挥到极限，而不是得到什么奥妙的超能力，他得到的是弱者的能动的状态和其自然的角度。这个角度实现了自我的反转，创造了自然的神奇。老子曰："反者，道之动；弱者，道之用。天下万物生于有，有生于无。"（《道德经》）就是说：自我否定获得新的动力，是道运动不息的规律；弱者面对强者，是道发挥作用之时。天下万物生于有的自我否定，有生于创造。

　　这是自然之道的完美的表述，人永远不可能获得圆满，其人的行为意

识就是抱残守缺，他面对的是强者。老子曰："大成若缺，其用不弊；大
盈若冲，其用不穷；大直若屈，大巧若拙，大辩若讷。躁胜寒，静胜热，
清静为天下正。"（《道德经》）就是说：大成的完美是动态的它时刻保
持着需求的动力，它的作用永不败坏；最大的充实面临着突破，它的作用
不会穷尽；最大的直无限，最大的巧妙是朴实，最大的辩论是无言。躁必
然胜寒，静必然胜热，积聚力量而爆发为天下正道。

这就是自然大道。能动则能静，"清静"意味着冷静而真实的眼光，
它爆发的是强大的行动。一切是那么的自然而然，但是，是爆发的自然而
然，其人性的认识就是清净。力量积聚而爆发，积聚的过程是清静的，但
其行为意识是爆发的意识。

守残包缺的意义无始无终，因为人的行动无限。其人的情感是自然的
力量的，其人的行动面对强者而行。

领袖万物

自然之道的作用，在于创造一个开始，并赐予个体表现自我的命令。这个命令用人性的方式来理解那就是"一"，它领袖万物。

"一"的自然的含义是率先而行，它代表着秩序和规则。每个"一"都有自我的形式，它以具体的形式而独一无二，其意义是表现一个动态的开始。

这个开始，是存在的开始，其动态的意义领袖万物。老子曰："道生一，一生二，二生三，三生万物。万物负阴而抱阳，冲气以为和。"（《道德经》）运动之道产生一，一突破自我产生二，二突破自我产生三，三突破自我产生万物。万物一方面否定自我一方面表现一个新的自我，其积聚力量而突破现在的气势融合新旧两个自我。

个体的表现，由道的无形到个体的有形实现了存在的意义。然而存在不只是存在形式，而是由具体的形式所展现的运动。犹如一颗种子发芽到长成参天大树，其一步一步突破而表现秩序和规则不变，具体的形式表现的是自然运动。但绝不是产生了二，一就失去了动力或者就不存在了，产生了三，二就失去了动力或者就不存在了，产生了万物亦是。其自然现象是：一亦然前行，二亦然前行，三亦然前行。二只是一突破自我所创造的存在，三只是二突破自我所创造的存在，万物同样如此，因为始终只有一个现在。一二三，只是表示作用产生的先后，实现运动的次序，而真实的现象是一率先突破并继续突破而前行。

　　"一"是一个以具体形式实现运动的领袖，一二三，乃至万物，是一个发展的过程，运动存在的表现。其中每一个个体的表现，表现的是自我，同时表现自然运动。这是一个统一的表现，且是一个同步的行为。突破自我则获得自我，受自我限制则失去自我。所以，老子曰："故物，或损之而益，或益之而损。人之所教，我亦教之；强梁者不得其死。我将以为教父。"（《道德经》）就是说：天下万物，不是自我否定而实现进步，就是满足于自我所得而失去进步的动力。别人所教导人的，我也拿来教导人：过分强调自己所得的人将会失去发展的动力而早夭。我将把这一点作为教育的开始。

　　人的行为与万物同一，其人一步一步走来，踩踏的是自然运动表现的是自我，最终表现的是存在运动。其行为，一步为一步的基础，一步为一步的突破。基础为阴，突破为阳；一步为阴，再一步为阳。内在的是力量作用，外在表现的是强大的意志持续的行为。人的意义代表着自然运动的意义，它的行为遥遥领先。

　　"一"的自然含义是创始而无终，其个体意义是领袖群伦。它承载着一个整体的方向，或者一个现在行动的方向。这一切都是自然之道的作用，得道或者遵循道，只为身在运动之中。

天　下

　　天下是一个共时的存在，其时，万物竞相绽放，各显身姿。

　　表现是个体表现，存在是具体存在，或者说是我存在你存在。彼此之间的竞争，表现了整体，这个整体的动态的意志就是天下。

　　整体由个体而来，个体以整体而突破自我，其突破之势为公，或者说大道为公。老子曰："大道泛兮，其可左右。万物持之而生而不辞。功成不名有，衣养万物而不为主，常无欲，可名于小。万物归焉而不为主，可名为大。以其终不自为大，故能成其大。"（《道德经》）就是说：天下大道浩浩荡荡，不是某一个体谁可左右的。万物以它而生而不停止。大道创造万物而不据为自有，养育万物而不做主万物，并不以个体的欲望为欲望，这种状态可称之为小。万物都归之于它但不以它为主，这种状态可称之为大。因其始终不自以为大，所以能够实现做大做强大。

　　这就是天下。在天下之间大与小是相对的，这个相对之道就是天下大道。天下大道只有一个方向，那就是做大做强。它养育万物但并不做万物的主人，万物归附于它也并不以它为主人，而是自强不息。于此，则形成了动态的关系。这个动态的关系不是原地的反复，而是彼此作用而自强，实现由小到大的成长的关系。这个关系是个体与自然的关系，是运用与发挥的关系，其中个体始终处于小的状态，即运动状态。

　　老子曰："将欲取天下而为之，吾见其不得己。天下神器，不可为也。为者败之，执者失之。"（《道德经》）就是说：想要取代天下的人，我认为他不可能如意。天下是自然的神器，不可能为某个人代替。想要代替天的作用的人必然失败，想要得到天的作用的人必然失去它。

这也是个体与群体的关系，个体在与个体的对抗中做大做强，群体就是这样的平台，它代表天下。群体由个体的表现而获得，是个体表现自我的机制；国家是人民表现自我的需要，其大势不是某一人某一事所能抗拒的。

一切都在运动之中，或者说存在。其中，由个体奋斗到群体国家的具体形式，实现了运动自然，或者说天下。那么，天下大势为公，或者说天下为公。

力量作用

　　力量作用，以人的形式表现出来就是兵，它代表的是破坏性毁灭的力量，只有赋予意义才具有创造性。但是它是自然运动的基础，同时是人类社会的基础。

　　一个力量作用，只是一个变化，它一瞬即逝。它破坏的是形式，但它突破的是现在。其一瞬即逝的意义，构成了能动的基础。兵，是以人的形式实现的释放性，其结果只是强与弱的毁灭。但是这个最原始的行为意志构成道最基本的原则，那就是强而不自居。

　　自然的意义是创造，而不是毁灭，人秉承自然的意志给力量以意义。人获得力量的强大，但不停留在力量的强大，而是追求再强大的意义。老子曰："以道佐人主者，不以兵强天下，其时好还。"（《道德经》）就是说：按照道的原则辅佐君主的人，不停留在一时的强大上，而是确立新的意义实现再强大。

　　给兵赋予新的意义以实现再强大，没有意义的力量是邪恶的，它是毁灭的象征。获得再强大的意义则获得道，自然之道就是做大做强，其人性的意义就是不止步于现在。老子曰："果而勿矜，果而勿伐，果而勿骄，果而不得已，果而勿强。物壮则老，是谓不道。不道早已。"（《道德经》）就是说：强大而不自矜、不自夸、不自骄、不以我自居、不自大。没有意义的强大就会变老，就是不道。不能获得再强大的意义就会很快灭亡。

　　有道的君子始终面对的是强者，他不处在强者的位置，而是处在一个相对的动态的位置。他发挥的是力量，实现的是新的意义，运用的是自然之道。"夫唯兵者，不祥之器，物或恶之。故有道者不处。"（《道德经》）兵这个东西，是破坏性的工具，个体的事物都厌恶它。所以有道的君子不停留在破坏的阶段，而是由此开始实现强大的意义。

　　于是，力量作用或者说兵，化作人手中的工具，它是强大的工具。

用　兵

　　兵，代表力量最原始的形式最原始的作用，但人们给予它新的形式新的意义。用兵，就是运用力量的作用，确立做大做强的意义。

　　自然大道就是力量之道，发挥与运用之道，它的意义在于无限。其人性的意义就是运用力量的作用，建立强大再强大的存在意义，具体的运作形式就是民族国家。其中，人性情感的意义，礼仪道德的概念，乃至文化的含义，都不是其本身，而是力量文明。所以老子曰："以正治国，以奇用兵，以无事取天下。"（《道德经》）就是说：以力量作用的意义治理国家，以新的形式发挥力量作用，以创新的事物运作天下。

　　民族国家就是运用超级力量的场所，在其中由个体的表现而实现整体的运作。国家只是一个服务机构，它服务于个体，进而服务于力量自然。"故圣人云：我无为而民自化，我好静而民自正，我无事而民自富，我无欲而民自扑。"（《道德经》）所以圣人说：我崇尚自然创造民众就会自我实现它，我不限制民众的自由民众就会自己实现自己，我不刻意干涉民众民众就会自强自发，我不把自己的欲望强加于民众民众就会自我发展力量强大的作用。

　　服务没有个体意志，它以整体意志为意志，它实现了个体的力量状态，确立的是力量自主的形式。因此，老子曰："其政闷闷，其民淳淳；其政察察，其民缺缺。祸兮，福之所倚；福兮，祸之所伏。孰知其极？其无正。正复为奇，善复为妖，人之谜，其曰固久。"（《道德经》）就是说：服务的政治，其民众朴实而力量饱满；管理的政治，其民众善良而精神萎靡。祸这个东西，福在其中酝酿；福这个东西，祸隐藏其中。谁能知道最终的结果？不能以现在的意义来论证。正确的意义进一步会变成不正确的意义，善良的观念进一步会变成不善良的观念，人往往被现在的智慧所迷惑，这已经很长很长久了。

政治在于使民众自我发展，抒发情怀。其中的祸与福、善与妖，不能以现在的意义为定论，它们要以力量运作的意义来定论。服务是实现个体发挥，从而表现一个整体的存在，它的意义在于无限强大。为正为善为奇为妖只是一时的表现，它们必然消融在整体的运作之中，但是失去运动则只有死亡。

这就是政治的意义，也就是圣人的意义，其意义就是用兵。服务只以运动为是，只以实现大家的力量作用为是，智慧或者善良的情感只是一个润滑加速协调的作用。圣人在一个更大的意义上服务于民，从而完成整体的意志，民众则自主地发挥其力量作用。

整体在于个体的力量意志，在于对外的力量作用，这是自然用兵。力量是自然界的真实，兵是人类社会的真实，现在的知识以及善良和情感在于发挥超级力量的意义。

先　机

先机，在于把握现在而实现动态。

把握先机而立于不败之地，就是从现在开始，其关键是不停止。这是关于现在的动态认识，其个体的情感和自然的意义，在行动中统一。身在行动之中，则不会失掉什么，也不会受什么限制，更不会做不好什么。他的行为从而具有持续性，因而创立先机。

自然之道透过一切个体的情感形式，而实现运动的形式，并以其情感的形式建立持续表现的机制。这是智慧的结晶，它实现那本能的力量形式和意志，确立强大的先机。国家就是这样的机制，它以具体的形式实现了持续运作，实现了个体情感和整体意志的统一。这是动态的统一，个体由国家而面向自然，其行动确立无限的机遇。

老子曰："古之善为道者，非以明民，将以愚之。民之难治，以其智多。故以智治国，国之贼；不以智治国，国之福。"（《道德经》）就是说：古时候懂得道德原则的人，并不叫百姓如何具有远大理想，而是希望他们从实际出发实现自我的利益。百姓不好治理的地方，在于不以实际的利益出发而去追求智慧。所以，以崇高的理想治理国家，是国家的祸患；以力量治理国家确立现在的动态，是国家的福气。

道的运用就是把握现实的力量，而创造生活的需求。人们所谓的聪明才智不能越过这个界限，它不能限制人们的需求，而是激发新的力量意志。一定的力量只具有一定的知识，人一次只能走一步，这就是现实。道的意义在于给这个知识以生命，使它具有持续表现的能力，并确立行动的先机。其自然的意义是"千里之行，始于足下。"（《道德经》）

实现动态，具有深与远两种创造能力，深指自然的无限，远指强大的行动无限。此时个体的意义已不同于个体本身，新的力量意志代替了现在的力量意志，生活的需求确立真实的机遇。

善 战

善战，就是群力，是群体艺术，或者说生活。

人人都以发挥其力量作用而存在，个体人表现其战斗性而自然而然。群体国家的意义就在于使这个共同的意志得以实现，个体在其中获得超自我的意志，其激情绽放的时刻就是生活。人人都是战士都是兵，这是自然用兵，各行各业都是战场。

个体的形态就是战斗的形态，存在就是战斗本身，这是自然的意义。智慧使战斗的形式复杂化，但战斗的意志不变，力量的终极形式不变。群体是超级力量的运用形式，同时是力量的艺术形式。老子曰："善为士者不武，善战者不怒，善胜敌者不与，善用人者为之下。是谓不争之德，是谓用人，是谓配天，古之极。"（《道德经》）就是说：真正的善战之士不受现在的力量限制，善于战斗的人不发怒，善于胜利的人不在于一时的得失，善于用人的人在于进一步的表现。这是不停止的品德，是真正的发挥人，其品德可配天，是集古今智慧的最大作用的表现。

这是关于人的智慧的自然地运用，是情感形式的自然地表达，智慧是不停止的智慧，情感是不停止的情感。"不争"是不停止争斗，"古之极"象征从古至今的整合，现在是自然运动一步一步强大的现在，它集所有的智慧于一身。人的智慧和情感，是先辈战斗的结晶，此时此刻的作用是最大的作用。以现在的形式实现天道自然就是发挥力量能力，古往今来同是一个道理。个体之间就是力量之间，其力量能力的发挥各有其长。用其长，是群体的意义，或者说艺术。

正义之举仁义之师是战争的关键，它来自于生活，并使人们的战斗意志超越自我。正义是人类特有的力量形式，它以实现群体的作用为意义。群体是一个新的战斗个体，其表现形式就是智慧的形式。"用兵有言：吾不敢为主而为客，不敢进寸而退尺。"（《道德经》）善于战斗的人有这样一句话：不敢主动的激发战斗意志而要被动的用敌人来激发战斗意志，不敢进一步失去战斗意志宁可退一步而获得战斗意志。

这是生活的需要，同时是自然的需要。现实就是力量的现实，它秉承自然而创造了个体存在，同时创造群体创造了生活。认识它拥有它很容易，发挥它表现它同样很容易，然而以它融入自然突破自我，则需要顽强的精神战斗的情怀。这是自然自强不息的澎湃意志，具体的个体的形象就是：善战。

善战就是生活，就是战胜新的对手，激情意志而解决现实的事务。

小国寡民

国家再大，人口再多，但不能突破自我，实现其力量表现的，就是小国寡民。小国寡民就是缺乏力量意识，缺少行动欲望的国家及其人，其人没有对外意识。

老子是这样描述小国寡民的，老子曰："小国寡民，使有什伯之器而不用，使民重死而不远徙。虽有舟舆，无以乘之，虽有甲兵，无以阵之。使人复结绳而用之。甘其食，美其服，安其居，乐其俗。邻国相望，鸡犬之声相闻，民至老死，而不相往来。"（《道德经》）

就是说：小国寡民的状态，即使有先人留下的大的工具也没有使用的欲望和勇气，百姓被动的让死亡来主宰一切只知安于现状而不知变化。虽然有船和车，但没有乘坐它们的需要和作用，虽然有士兵和武器，但没有使用它们的欲望和战斗的意识。他们的生活一步步在退缩，像是要退回到远古那结绳而用的时代。百姓只是满足于自己所能吃到的食物，满足于自己所能穿到的衣服，满足于自己所居住的地方，满足于自己现有的生活方式。在这样的地方，邻里之间失去了互通有无的自然需要，相互能看得到，鸡鸣犬吠也听得到，活到老死，彼此也不可能产生往来而实现突破的意义。

失去力量本能、失去行动的欲望的国家和民众，只能是小国寡民。祖先遗留的再大再多，也只是一定的具体的东西，在自然进步的洪流之中，具体的东西只能用小、寡、死的来形容。人们安于现状追求平安，享受自然情感的美好，然而这只有面对死亡一种意义。此时一切的变化只是被动的以自然地淘汰规则而存在，个体的意义以及自然那生的意义已不复存在。形体再大，人数再多，然而意义不同，没有生意没有突破自我的意志，没有获取新的东西的欲望，它只是一个具体的死物，其存在只有一个形式，即消耗。

这是一种病态，是智慧和情感的病态，人们陷入到情感的善良之中而失去知的能力，更没有知不知的觉悟。这不是善，也不是善良，而是愚昧。力量与智慧成就了人的情感形式，但智慧不是目的情感也不是意义，智慧是力量的表现情感是力量的超级形式。不认识这一点的人必然导致衰弱，认识这一点的人则由智慧获得新的力量，由情感焕发新的激情意志。所以老子说："知不知，尚矣；不知不知，病矣。圣人不病，以其病病，是以不病。"（《道德经》）

形体再小，人数再少，然而生的意义使他突破自我。其人获得无限的有为意志，确立无限的未知意识，他不局限于现在而为大。真正的大小不在形式，而在力量的能动意志。其生的意义不在于所得本身，而在于所得的新的意义；其品质不在于善和情感的良好状态，而在于突破现在突破自我的未知的状态；其作为不在于有为的某一次，而在于有为的不同。

力量意志和自然是同一个名词，它不受任何一种个体知的形式智慧情感的形式限制，它以实现个体的激情意志而真实。善指的是完美的行为，它具有善良的意义，但核心是强大的力量顽强的意志。善不需用漂亮的语言来说明，不需要知的智慧来表彰，更不需要情感的美好来衬托，新的欲望说明一切。

第五章　超越现在而真实的概念——《庄子》概念

　　现在处于变化之中，不能超越则只能面对死亡，这是真实的认识。将自己完全发挥，以至于不知道自己在那里，则是真实之中的认识。这是超越现在的认识，《庄子》打破约定成俗的日常概念，而直指运动存在。

《庄子》

　　《庄子》，表述的是人性情感的动态，或者说超越现在的人性情感的意义，它确立的是人处于动态的真实。

　　这是自然运动的真实，身处于其中的我，其自然的意义就是超越。脚踏物质世界稳定的形式，实现能动的作用，确立行动无限的意义。人由生存的欲望而超越，由存在的意义而逍遥。

　　在人拥有自由想象的力量之时，就是人之成为人之时。想象的力量超越于现在之上，它给人以新的意义和欲望。人就是在这个新的意义的牵引下，在这个新的欲望的推动下，生活于现在。庄子曰："北冥有鱼，其名为鲲。鲲之大，不知其千里也。化而为鸟其名为鹏。鹏之背，不知其几千里也。怒而飞，其翼若垂天之云。是鸟也，海运则将徙于南冥。南冥者天池也。"（《庄子》）更高更大更强则更自由，或者说存在或自我，人对于自然获得了真实的认识。这是超出现实的强大力量的性质，它的本性就是完全的发挥和表现，完全到逍遥自在。这个鱼就是人，鲲象征其人的行为意义，和超越现在的真实情感。

　　万事万物都处于动态，物质现象展现了坚实的基础。其物似人非，沧海桑田，表明的是自然运动的大势。其中，人确立的是本能的需要，超越现在的动态。这犹如大海孕育着无限的能量，其意义在于创造一个气运，这是飞翔的气运。人生活于其中，秉承其气运，怒而飞，实现了由本能存在，到自由存在的转化。其意义是由力量的本能欲望实现追求的欲望，追求的欲望赋予现在行动的意义，那就是飞。这是存在的真实意义，而其人性的表现则是爆发，或者逍遥。

庄子突破人特有的认识方式，而获得自然的认识方式，即突破一切形式的认识的方式。人们日常的行为意识，受其生活环境的影响，偏重于所爱的所喜欢的，而其对立面也同样的重要。周围的环境是动态的，现在此时此刻是动态的，它不以你所爱，或仁义的情感的认识而影响。自然之道无所不在，东郭子问于庄子曰："所谓道，恶乎在？"庄子曰："无所不在。"东郭子曰："期而后可。"庄子曰："在蝼蚁。"曰："何其下邪？"曰："在稊稗。"曰："何其愈下邪？"曰："在瓦甓。"曰："何其愈甚邪？"曰："在屎溺。"（《庄子》）

现在的意义是相对之中的，是由你的行动创造的，即脚下和远方。蝼蚁稊稗瓦甓屎溺，是对人思维意识的突破，它突破人情感方式的环境，而实现自然变化的环境。于是现在具有几重含义：它实物性的存在，它能动性的存在，它创造性的存在。此时，人们以本能的欲望存在于现在，以追求的欲望超越现在，人们行走在自然变化之上。行走在自然变化之上，其自然意义就是飞翔，其人的意义逍遥游于自然变化之外。

在行走之中，现在一直被踩在脚下，似乎被忘记了被虚无了，但它真实存在。在爆发之时，自我被超越了，似乎被忘记了而不知道自己在那里，但它真实存在。力量能力的突破是基础，它突破的是物质环境，实现的是为人的情感意志。人们发挥自己的力量，并以这个力量的作用，而创造存在的意义。

道无所不在，同时人行走的意义无限。其人脚踏现在的变化而超越现在，创造了人性飞翔的情感，其画面是生动自然而真实的。

物　化

　　物化，就是在动态之中，物质的具体的形式化作运动的形式。

　　物质的形式只是人们的认识，它自然的是运动的载体，表示现时的运动状态。其认识只是相对的认识，但它真实存在。真实的是变化，真实的是发挥作用。冬去春来，时光流逝，在相对之中，人们认识了运动的真实，这是发挥作用的真实。

　　相对之中，有你有我，万物并存。透过其物质层面则是彼此之间的作用，其相对性的实质是对抗，在对抗之中产生行动。彼此双方由自然运动产生，并在行动之中统一于自然运动。对抗之中的奥妙，庄子是这样描述的："彼亦一是非，此亦一是非，果且有彼是乎哉？果且无彼是乎哉？彼是莫得其偶，谓之道枢。抠始得其环中，以应无穷。"（《庄子》）就是说：彼也是一独立的表现，此也是一独立的表现，真的有彼此之分吗？真的无彼此之分吗？使彼此相互对立而统一，就是道的真谛。在对抗中产生作用在统一中产生行动，从而实现自然无限的意义。

　　彼此之间的奥秘就是相互作用而产生行动，彼此都是行动的载体都是存在的载体，那么彼此的意义都是突破自我而表现。突破而表现则实现有与无的创造，然而有与无之间只是一瞬即逝的事，因为自然运动无始无终。"有始也者，有未始有始也者，有未始有夫未始有始也者。有有也者，有无也者，有未始有无也者，有未始有夫未始有无也者。俄而有无矣，而未知有无之果孰有孰无也。"（《庄子》）就是说：宇宙有它的开始，还有它的尚未开始的阶段，还有尚未开始以前的阶段。有有，也就有无，有尚未有无的状态，还有尚未有无之前的状态。忽然之间出现了有与无，但不知谁有谁无。

这是关于自然的认识，人们具有思前想后的能力，其所思的是现在。这是一个超级的能力，它认识到物质的相对形式，并认识到自我现在的相对的动态的位置。这个位置相对于有和无，同时相对于过去和未来。那么，自然自我的意义就是发挥自我于无穷无尽之中，而忘掉自我。庄子曰："昔者庄周梦为蝴蝶，栩栩然蝴蝶也。自喻适志与！不知周也。俄然觉，则蘧蘧然周也。不知周之梦勾蝴蝶与？蝴蝶之梦为周与？周与蝴蝶则必有分矣。此之谓物化。"（《庄子》）这是一个力量最大化的状态，庄周与蝴蝶，乃至万事万物，都在努力的实现这个状态。这个状态是突破的状态，其突破的是物质的形式，实现的是力量作用。彼此个体的形式化作变化的形式，在自然变化之中而不分彼此。此时的状态是，一心一意的做点事，而不知道自己在什么地方。

作为自然个体，其存在不在于其形式，而在于存在意志。人的形象多姿多彩，然而存在意志与万物同一。透过情感的意义、透过知的现在性、透过自我的范围，人只是作为一个自然个体而存在，它的意义是突破这一切。

养　生

　　养生，在于容身于自然之中，实现其自然的表现，于运动之中游刃有余。

　　人的自然情感不是安逸，而是运动。人的知识是用来使用的，它使用的是力量发挥的是自我，而实现的是行动。人的身体是自然的，而不是自我的。

　　人的生命因为有限才珍贵。其珍贵，珍贵在运用其所知，发挥其所有的能力，实现其自然的表现。庄子曰："吾生也有涯，而知也无涯。以有涯随无涯，殆矣。已而为知者，殆而已矣。为善无近名，为恶无远刑。缘督以为经，可以保身，可以全生，可以养亲，可以尽年。"（《庄子》）就是说：生命是有限的，知识是无限的。以有限去追随无限，一定很累。纯粹的追求知识则脱离力量自然，这很危险。善于养生的不追求长寿，不善于养生的眼前就会受到伤害。依据自然的规律发挥现有的知识，则可以发挥自身，可以表现自然的情感，可以培养新的活力，可以安享天年。

　　依据自然的规律，发挥现有的知识力量，则游刃有余。"庖丁为文惠君解牛，手之所触，肩之所倚，足之所履，膝之所踦，砉然向然，奏刀騞然，莫不中音，合于《桑林》之舞，乃中《经首》之会。文惠君曰：嘻，善哉！盖至此乎？"（《庄子》）运用技术发挥自我的力量，犹如表演《桑林》之舞曲，演奏自然的乐章。这是表现的艺术，是存在的艺术。

其情感是表现的情感，存在的情感，表现出去了抒发其激情意志则就是存在。这里有力量有知识，人生不存在哀乐。庄子曰："安时而处顺，哀乐不能入也，古者谓是帝之县解。"（《庄子》）就是说：按照自然的机理实现自我的表现则顺，哀乐之情就不会侵入心中，古人称之为解除了自然的倒悬。

这里解除的是个体情感的倒悬，人的情感是发挥其力量的情感，是自然表现的情感，而不是其他。养生是实现其最大化，而表现于自然。

真　人

力量自然之人，就是真人。

人只是作为一个自然个体而存在，自然代表无穷的行为意义，而人在其中。人与自然的关系，就是力量与行动的关系，即以有限的力量而实现无限的行为意义。获得这个意义的就是真人，他表现自我于自然之中。

人的力量是有限的，发挥其有限的力量，而实现自然无限的意义，是知识行为。由知识发挥力量，其人获得了现在所不知的东西，并以此激发了强大的行为意识。庄子曰："知天之所为，知人之所为者，至矣！知天之所为者，天而生也；知人之所为者，以其知之所知以养其知之所不知，终其是年而不中道天者，是知之盛也。"（《庄子》）就是说：知道自然的作为，又知道人的作为的人，则能超越自我。知道自然的作为的人，遵循自然而表现；知道人的作为的人，则发挥已知而获得未知，终其一生都不离开天道，这就是知识的精彩运用。

表现自我于自然之中，人则踏着自然的节拍，而不受现在限制。此时的行为是持续的，其强大之势突破了个体行为，表现了生命真实的意义。古代的真人就是这样的。"古之真人，不知悦生，不知恶死；其出不䜣，其人不距；翛然而往，翛然而来而已矣。"（《庄子》）这是强大，其行为形象，犹如春夏秋冬的脚步，而不可抗拒。这是一个完全发挥的过程，完全发挥了则不用留恋，充分表现了则不带遗憾，那么潇洒自如而自然。

122

生与死，是自然现象，这些事情无法左右，这是现实。那么，发挥它，实现其自然的意义，则就是真人。庄子以真人为友，他说："孰能以无为首，以生为脊，以死为尻；孰知生死存亡之一体者，吾与之友矣！"（《庄子》）谁能以无为开始，以生命为过程，以死亡为最后的表现；谁能知道生死存亡是运动存在的一个整体环节，我将与谁为友。

生与死之间，不只是实现了一个生命存在，生与死还连接着自然运动。生与死的意义并不是终结，而是开始。认识到这一点，则认识自我的位置，其必然的行动在所难免。人的意义不完全在自我自己，它的意义在自然运动，人的情感也不完全在自己，而在于力量自然。

超越生死的概念，则能完全发挥自己的作用，其行为的意义与自然为友。他使生命融入运动而自然，行波澜壮阔之势。

天地人

　　天地人，三者是一个整体，天与地为表现基础，人为表现精华。其意义是，天地之人。

　　天地广阔无限，其变化整体而均衡。万物纷杂繁多，然而条理一致，它们整体存在。百姓虽然为数众多，他们群体运作，在彼此的力量作用之中而趋于统一。天地万物构成一个行动的大势，人则秉承其意志而行动而表现。

　　人由个体而群体实现了社会运作，最终表现的是天地自然之道。人与人之间的关系是自然能动的关系，这个关系的凝聚点是力量作用及其情感。庄子曰："以道观言，而天下之君正；以道观分，而君臣之义明；以道观能，而天下之官治；以道泛观，而万物之应备。故通于天者，道也；顺于地者，德也；行于万物者，义也。"（《庄子》）就是说：以道的角度来说，君是走在最前面的人；以道的角度来分，君臣之义是共同行走之义；以道的角度来观察效能，各级官吏的作用是积聚力量而行动；以道的角度来纵观，万物都应备好了。所以了解天的变化的人，得道；实行地的变化的人，有德；以此发挥万物的作用的人，获得自然的大义。

　　天地与君臣是同一个意义，它们代表的是一个行动的基础，是个体百姓力量表现的基础。这是一个由下而上的超级的力量机制，百姓的力量表现构成主旋律，各级官吏及其君王只是其表现的需要。故曰："古之畜天

124

下者，无欲而天下足，无为而万物化，渊静而百姓定。（《庄子》）所以说：古代发挥天下运作的人，不是实现自己的欲望而是满足天下百姓的欲望，做先人没有做过的事从而发挥万事万物的作用，在更大的范围内积聚力量创造百姓的激情意志。

君臣确立了一个行动的机制，而行动在个人。犹如自然之道无为而为，这是创造行为，万物表现自我进而表现自然。金与石可以发出声音，但不敲则不响，人拥有自然创造的天赋，但不行动则无以表现。庄子曰："其心之出，有物采之。故形非道不生，生非德不明。存形穷生，立德明道，非王德者邪！荡荡乎！忽然出，勃然起，而万物从之乎！"（《庄子》）

天地人，三者一体，但是以人的主动行为而一体。人主动地表现自己，创造群体机制，建立情感仁义的力量形式，发挥万事万物的作用。力量是基础，情感是纽带，德与义实现其运作形式。

此时，人超越天地，同时超越自己。

天　运

　　自然运行，稳健而刚强。万物迎春而发，以其势而表现。

　　自然之势，隐藏在姿采各异的个体之中，由个体的竞相绽放而表现。每一个体都呈现自我的情感意志，但自然运势不以某一个体而停留，它永不停止。

　　人的情感形式，只是自然运作的一种形式，自然之势同样不以人的情感而停留。庄子曰："夫德遗尧舜而不为也，利泽施于万世，天下莫知也，岂直太息而言仁孝乎哉！大孝悌仁义忠信贞廉，此皆自勉以役其德者也，不足多也。"（《庄子》）就是说：天地运转并不以尧舜而有所停止，它恩泽于万世，真实表现了无痕迹，这岂是仁义孝悌一种方式能够表现的？孝悌仁义忠信贞廉表现的是人的情感，是人努力发挥其天赋的一种方式，只是一种表现方式而已。

　　孝悌仁义忠信贞廉只是一种方式，如果受其限制，则失去情感的意义。犹如花开花落，其形式的变化，实现了自然的运作，表现了存在的无限意义。人承天启运，其生活的意义就在于这个无限意义之中，它由运动的情感运作而不停止。庄子曰："古之至人，假道于仁，托宿于义，以游逍遥之墟。食于苟简之田，立于不贷之圃。"（《庄子》）就是说：古代的得道之人，由仁而行，由义而宿，生活在追求的无限意义之中。取食于艰难险阻的田地，立身于当仁不让的园圃。

"假道于仁，托宿于义。"就是行的是仁义之道，但不受仁义限制。此时，所表现的是天运。天运就是自然的乐章，其威严恢弘，昂扬意志。人在其中由仁义而行，行的是力量自然之道。得道之人发挥情感意志，表现自我于自然的大势之中。其行为激情绽放，其脚步横越一切，他逍遥而行，所表现的是存在的无限意义。

只有将现在的情感智慧完全发掘的人才能拥有它，才能追随其永不止步的脚步。

知

知，知于不知之中，表现于未知之时。其形象就是人，人的行为意识就是知。

此时，处于动态。由其动态而知，人发挥其所知的作用而处于不知的状态，他面对的是未知。一切都在行动之中产生，最终表现于行动之时，知的本意就是发挥与表现。

庄子化身为知，形象的表述了不知的行为意识，以及不同的运动状态。知谓黄帝曰："吾问无为谓，无为谓不应我，不知应我也；吾问狂屈，狂屈中欲告我而不告我，非不告我，中欲告而忘之也；今予问乎若，若知之，奚故不近？"黄帝曰："彼其真是也，以其不知也；此其似之也，以其忘之也；予与若终不近也，以其知之也。"（《庄子》）

当你完全发挥而突破自我的时候，知已化作行动；当你知道不知的时候，知处于表现之中；当你确认知道的时候，知只是现在的知，知处于静止之中。"无为谓"创新而生，他容身于道，他不知；狂屈运用知识而表现自我，他感悟道，似知非知。一个有知识的人，如果不能完全发挥那只是有一些知识，他与道相去甚远。所以，黄帝说我与你距离道还有些不近还有些远，因为我们所知道的还没有完全发挥。

万事都处于进行时，万物都处于运动状态，这不需用知道了什么来表彰。庄子曰："天地有大美而不言，四时有明法而不议，万物有成理而不说。圣人者，原天地之美而达万物之理。是故圣人无为，大圣不作，观于天地之谓也。"（《庄子》）所以说：圣人的意义，在于运用自然的美妙而发挥万物的作用。因此圣人创新事物做先人没有做过的事，大圣之人并不刻意表现自己，他发挥自己在自然无限的意义之中。

人活在天地之间，一刹那即逝，知此，则为知。人发挥知的作用而表现，由生的情感而感知，然而感知的不只是自我，感知的还有运动存在。这是一个突破自我的行为意识，其情感由个体的情感而化作运动的情感，它使现在动起来。所有的知识都化作力量而付之于行动，其人则不知，因为没有必要。

知之道，由个体形式而表现，个体由其知的情感而运作。那么，知，最终知的是发挥和表现，而不知其知。犹如身在其中的自我一样，在动态之中表现，表现于动态之中。

宇宙人

　　人食五谷，吸收的是能量，付出的是行动。在一吐一纳中，人事实上实现了一个能动的单元，而处于一个无限可能的状态之中。

　　这里不只是有天与地，他突破了天地自然的形式；这里不只是有生命，他突破了个体有限的生命历程，实现了运动存在的无限意义。以有限而突破无限，确立的是一个更广阔的领域，人的含义事实上是宇宙人的含义。

　　由自然的形式表现，由生命的激情运作，人则进入自然之门。由其门而入，人获得一个更强更大的环境，这个环境就是宇宙。庄子曰："有实而无乎处者，宇也。有长而无本剽者，宙也。有乎生，有乎死，有乎出，有乎入，入出而无见其行，是谓天门。天门者，无有也，万物出乎无有。"（《庄子》）就是说：真实存在但不固定在某一处的，就是宇。无限增长而没有末端的，就是宙。有生，有死，有出，有入，出入而无行动的痕迹，这是创造之门。创造之门，就是从无到有，万物都出自于从无到有的创造。

　　天地万物都是创造出来的，包括人。自然创造的意义不会停留在某一处，其意义无限的增长没有末端，它不只是创造了天地万物还创造了时间和空间。身在其中的人，迈入了创造之门，它的意义就是自然创造的意义。创造新的时间和空间，其人就是宇宙人。

人由仁义而行，行的是力量自然之道。仁义的形式只是力量的一种形式，它表现于创造之时。然而，仁义如果成了目地，人们只会为了仁义而忙忙碌碌，那实际上就等于人在残害自己的情感。庄子曰："走尧畜畜然仁，吾恐其为天下笑。后世其人与人相食与！""故无所甚亲，无所甚疏，抱德炀和以顺天下，此谓真人。"（《庄子》）就是说：忙碌一生的尧如果只是为了成就仁爱，我恐怕他会成为天下人的笑话。只是为了仁爱难道后世要人与人相害吗！所以亲近是要有限度的，疏远也是要有距离的，抱着自然创造的品德发挥力量意志用来继承天下的大势，才叫着真人。

人是有情感的，这是顺应自然的情感，由其情感限制人则是人吃人。由其情感而实现力量作用，其人则表现自我于自然之中。此时的形象是力量的形象，人与人之间的关系是力量表现与自然创造的关系。庄子曰："明乎人，明乎鬼者，然后能独行。"（《庄子》）就是说：认识善，认识恶，同时战胜善与恶，人才成为人。这是情感的觉醒，觉醒的是人自然的身份。

人的存在不是独立的，人的创造意义与自然相应。其真实的意义是彼此都处于动态，处于一个无限意义之中。

天人合一

　　自然的品德生生不息，发挥生的激情意志，则人的情感与自然合一；父母的爱无私，发挥其爱，则亲情与自然合一。这些都是人自然的现象，然而自然的本源就是力量，那么由情感而运用知识发挥力量作用，则人与自然合一。

　　由情感而运用知识发挥力量作用，是人战胜情感的过程，或者说自然的情感获得胜利。人们具有认识天地万物的能力，具有审视自我行为的理智，他化情感为力量而内圣外王。庄子曰："判天地之美，析万物之理，察古人之全，寡能备于天地之美，称神明之容。是故内圣外王之道，暗而不明，郁而不发，天下之人各为其所欲焉以自为方。"（《庄子》）就是说：研判天地之美，分析万物表现的道理，总结古人的经验，略微能了解天地的美妙，表现其神明的容颜。由此内圣外王之道，没有明确的方式，不在于一时的爆发，而在于人们各自表现自己的欲望发挥自己的力量作用。

　　知识和情感，只有化作力量作用才有意义。天地的美妙，在于彼此的表现相互作用的时刻，知识化作力量而发挥出去了，情感化作力量而表现自然。此时天地万物是统一的，没有大小先后之分，一切都处于这个相对之中。庄子曰："夫天下莫大于秋毫之末，而大山为小；莫寿乎殇子，而彭祖为夭。天地与我并生，而万物与我为一。"（《庄子》）这是一个绝对的状态，即运动状态。天地万物共此一时，共同存在于这一刻。这一刻是统一的，统一在所有的形式都化作力量作用，统一在生的情感意志表现为行动，统一在彼此竞争的这一瞬间。

这一瞬间，其意义是无穷。此时，天人合一。庄子曰："若夫乘天地之正，而御六气之辩，以游无穷者，彼且恶乎待哉！故曰：至人无己，神人无功，圣人无名。"（《庄子》）就是说：此时此刻机不可失，时不再来，你还在等什么呢？所以，至人将自己完全发挥了，神人将自己的功绩都完全发挥了，圣人连自己的名誉都完全发挥了。

天人合一，合的是力量，合的是情感，最终合的是行动。它突破的是现在，表现的是自我，内在的是智慧，外在的是新的力量作用。那么，新的力量决定一切，新的力量作用统一一切。

第六章 存在与运动的哲学概念——《易经》概念

　　人的行为只是自然的一种表现形式，它在运动之中产生，并应用于运动之时。此时此刻表现的是存在，你存在，我存在，都是存在在彼此的表现之中。你的作用，我的作用，相互的作用之间，表现了存在与运动的哲学。

　　这是一个由被动而主动的哲学，只有你迈开脚步，运动的世界才向你走来。

《易经》

　　《易经》不只是包含中国这个地方，也不只是包含人类的不同的文化形式，它是宇宙无限的整体的观念。就是说它包含动的一切，即运动存在，或者说哲学。

　　万物都存在于运动之中，而你我在其中，这就是《易经》要表述的意义。它确立的是自然运动的大势，万事万物都在这个大势之中，并借以实现自我。实现自我，表现自我，则我存在。这是自然运动的过程，也是自我奋斗的过程，其中做大做强的哲理就是存在与运动的哲理。

　　这样，就预示了一个认识的转换：从认识变化，到认识运动；从认识自我，到知道自我在运动之中。此时，人于天地之中自我表现的意识确立了，人由被动的生存转换成主动的表现。此时，"天尊地卑，乾坤定矣。卑高以陈，贵贱位矣。"（《系辞》）天上地下，朗朗乾坤，定的是运动的大势。卑贱与高贵相对陈列，其贵与贱的位置激励的是自我奋斗的主动的意志。

　　这是行动的理念，其自然意义是跨出你的脚步，其情感的意义是进一步表现。天地之理在行动表现之中，由行动而确立真实，由表现自我的作用而确立其自然运动的位置。人们由生存的力量和情感，而实现表现的力量和情感，其生活的意义多姿多彩。存在的意义获得凸显，它不在于其获得的多少，不在于其情感智慧的丰富，而在于其表现自我于运动之中。天地乾坤的大势是基础，自我奋斗的主动的意志是行动的核心，于是千里之行始于足下。

人所具有的力量，人所拥有的情感，由其认识的转换而面向外在。人们以自己的眼睛看到的，以自己的行动体会到的，都是最简易而真实的东西。这个东西就是动态，它由物质形式的变化表现，由生的情感而实现。《系辞上》曰："易简而天下之理得矣。天下之理得而成位乎其中矣。"就是说：易是简易而行动的道理，它得自于天地自然。获得行动的道理，则表现自我于运动之中。

这是表现哲学，其做大做强的意志就是存在意志。《易经》用自然变化，一没一显，一虚一实，象形的符号来表示它。阴爻"– –"和阳爻"—"，一个是基础一个是表现，一个是静一个是动。其阴阳作用，创造的是一个持续表现的意志。在一静一动之间，虚虚实实，真实的意义凸显；花开花落，荣荣枯枯，表现的意志凸显；是你还是我，是是非非，我的意志凸显。其中做大做强的持续意志，阐释生命，确立自然运动存在的意义。

这个意义就是创造，它突破现实的环境而创造新的自我。我们的一言一笑，一举一动，乃至万事万物的存在都是创造。其内在的意义是持续性，而其自然的现象则是创造运动。这就是《易经》，也就是阴阳，一没一显一虚一实，互为基础梯进不息的意义。

其实，《易经》只是一个更大的，由于无限因而是整体的概念；同时，《易经》只是一个现在需要改变，因而需要行动的一个日常概念。

行　走

行走，是再自然不过的事了，它创造了自我的表现，还创造了自然运动。

人的能力是有限的，一次只能走一步，但这是创造的一步。正是一步一步的积累，人突破其现实环境，以其有限性而实现了无限的意义。这也是《易经》整体的理性，其内在的是持续性，外在的是一步一步的强大。

当我们一脚跨出之时，事实上是踩踏出了两个世界。一个是身后的过去的世界，一个是脚下的面对未知的世界，它们都由我们的脚步创造。过去的世界具有寂静地、永恒地、完善地性质，是静态的，它构成现在真实的基础；脚下的世界具有能动的、瞬间的、不完善的性质，是动态的，它在动态中创造新的表现。

过去是基础，现在是表现，其中持续表现的意志创造了一个运动整体。一步是基础再一步是表现，一步为阴再一步为阳，其阴阳变化实现的是运动存在。在一步一步的强大过程中，与之相应的，自然则赐予一个更加辽阔的世界，其中人性的光辉相得益彰。人性情感针对力量本能的无知状态，创造力量的知识状态。而关于获得力量而表现的理性思考，确立存在意志，它组织而形成新的力量，并实现其行动行为。那么，行走的人则标志着一个自由意志，它面对无限的可能创造了生命辉煌的乐章。

这是力量自然之道，每行一步都是一个力量新的作用，自然所回报的是行动和表现。当我们的脚下施出力量，并获得大地的反作用时，我们才具有脱离大地束缚的能力，而处于动态。这个能力被称之为行动力，如果你使出了作用而无反作用相应，则世界难以想象。这就是真实，是行走的真实。每走一步都展示了对原地的否定，同时也展示了一个力量自我的肯定。这里肯定的是人，进而肯定的是行动。

人行走在万物之上，表现了超级的行为意识。其人，一步一步走来，获得了更强大的自主性和自由性。那就是，面对纷繁杂多的世界，而激情意志。在自我实现自我突破之时，表现生命情感，彰显自然。它与万物的存在相区别，在更高更快更强的进程中，人代表了自然运动的整体。人站在一个自主性和自由性的一个更高的位置，或者说他以最高存在代表了整体的运动存在。

《易经》所表述的就是这个整体的运动存在，《系辞下》曰："《易》与天地准，故能弥纶天地之道。"就是说：阴阳作用就是人的脚步，它象征着行走的人，象征着一个运动的单元，它秉承自然的意志而面对更高的存在。

变　化

　　变化，就是一个力量作用，它构成运动世界的基本环节。《易经》运用阴阳符号象形的表示它，并阐释其力量爆发的意义。

　　一个力量作用，它是一次性的，只是一个变化。虽然一瞬即逝，但它构成万事万物的基础。万事万物都处于变化之中，它由力量作用而确立其位置。

　　没有中立而不变化的事物，只有发挥力量作用，而在变化之中表现的事物。这是一个相对的现象，就是说必须有一个受力点，才能实现一个变化。万物都处于力量作用之中，没有非力量的存在，也没有静止不变化的存在。每个事物都在发挥自己的作用，而实现自我，或者说它存在在力量作用之中。于是，相邻之物，彼此成为彼此的受力点，而共存。

　　力量作用及其变化，犹如时间不可逆转一样，它不可更改而绝对存在。这个不可逆转的方向，就是运动存在。一天的自然变化，白天和晚上，表现了这个运动的整体，或者表现一个持续性的单元。每一天都是一个新的力量的作用，它表现了万事万物，然而事实上它是由万事万物彼此的表现而表现。万物彼此的力量作用，创造了整体的运作。

　　人处于万事万物之中，不可能静止而不变化，同时人处于力量之中，不可能不针对力量而表现。不同的是人表现的是超级的力量作用，它的形式是善恶之相对的情感形式，所运用的是力量作用及其变化的意义。其人的情感，善恶的观念，是运用变化而确立其意义。这里的情感是表现的情感，善恶的观念是主动表现的观念。其时相对于人的主动行为，其环境是被动的，他必须战胜其环境而获得变化，并运用其变化而创造自我的意义。就是说人不能因一情感而止步不前，更不能因某一善良的观念而中立，或者说单单的做一个好人。

表现为善，非表现为恶。恶，只是运动之中一个相对的观念，它相对于善而存在。存在之物都处于力量状态，这是自然的常态。就是说战胜恶，同时战胜善，才是常。从善如流，表现了人性情感运动存在的趋势，但不能战胜善，以至于善良的自囿于现在，则是最大的恶。

善恶之相对的意义，是人性情感的爆发，它爆发的是超级的力量意志。人发挥力量的作用，创造变化的意义，就在于此。

运　动

　　运动，不拘泥于形式，它在对抗的双方之中表现。

　　发挥力量作用，产生动态，但这不是一个谁能独立完成的。个体的表现只是一个力量作用，彼此的竞争，表现运动存在的作用。在竞争之中对抗，个体的形式化作最基础的力量形式，并产生群体的运作形式。个体只是一个变化，一瞬即逝，群体则运动存在。

　　万物各具形态，这是承受力量并实现力量作用的形态，或者说对抗之中或者说运动之中。《易经》运用象形的符号论述了其行为过程，以及物质的个体形式在对抗之中，化做运动的形式的自然哲理。《系辞上》曰："范围天地之化而不过，曲成万物而不遗，通乎昼夜之道而知。故神无方而《易》无体。"就是说：在对抗之中实现天地造化而不会僭越，在运动中表现万物而不会遗漏，通晓昼夜阴阳之道而知创造之道。因此自然的神奇无限制《易经》的变化没有具体形式。

　　在对抗之中，一切的形式都化作力量的形式，相应的获得反作用力。反作用的力量成就了现实的动态，它构成我们行动的基础。在它的作用下推动的是新的行动行为，爆发的是超我的力量。人行走的每一步都是由作用与反作用构成的，就是说我们使出了力量的作用，并获得了力量的反作用的支持，才促成了我们身体的位移，即我们走动成行。运动世界是一个反作用力的世界，如果我们发挥了作用而无以响应，则这个世界难以想象。

　　我们的所有都来自于反作用，就是说我们是一个主动的行动单元。感觉、视觉，乃至一切的知觉都是因为我们付出的作用，而相应地反作用而存在。反作用的力量使我们动了起来，它突破的是现在否定的是现在，但成就的是现在的动态。每走一步都展示了对原地的否定，这预示着每一时每一刻都是新的力量作用，也于此同时实现了对其他的否定。在这里，只有自我的作用而无其他，即现在。运动世界是一个否定与肯定的世界，它否定现在而肯定现在的动态。

　　在对抗中，万物表现自然而然，或者说对抗自然。其中作用力与反作用力，否定与肯定，构成自然运动的核心。《易经》用阴阳来表示这个核心，阴阳就是作用力与反作用力，阴阳作用就是否定与肯定的作用。它取掉所有的形式特征，纯粹出一个能动的机制，其意义在于表达自然运动不受任何形式限制。

　　这是运动哲学，或者说自然哲学。自然运动，它不在于具体的形式，而在于以其形式而发挥的作用。那么，一切的变化都在于此时此刻，它无始无终只有现在。

太　极

由动而表现的那一刻，对抗的双方彼此的形式都化作力量的形式，就是太极。那一刻，我们来不及看得清楚，似乎很慢很慢，犹如极光一样。

此刻是超速的，但是其现象就是平常。它是我们认识的基础，我们之所以能看到一些东西，能听到一些声音，能知道一些存在，都是相对于它而获得的一点点能力。由动而开始表现，此时才是我们的世界。

我们的世界是运用的世界，运用的是自然，创造的是自我。由自然的神奇，创造的是自我的真实，一切都变得明了起来。知道1知道2，乃至，知道3知道4，乃至更多，这只是现象的感知。当知道零或者无的时候，则知道了创造运动。太极就是零就是无，它是一切有的开始。其存在速度肉眼来不及看得清，犹如大地的存在速度一样，万物并不感知，但以其势而生活。

认识到零，认识到无，人们追终溯源。关于世界的创史，关于人类及其万物的创史乃至存在的创史，殊不知这个创始就在脚下。每一个存在都是以个体的形式存在，都是以其作用而实现。这个作用是力量的作用，个体通过作用而获得了反作用的能力，而动起来。《系辞上》曰："制而用之谓之法，利用出入，民成用之谓之神一。是故《易》有太极，是生两仪。"就是说：以一定的形式实现作用就是自然的法则，实现其作用获得新的力量然后再运用，民众获得这样的运用方式就是在创造一种神奇。所以《易经》由太极而动，生作用力与反作用力而两仪并列。实指相互作用的双方。

"两仪"指发挥作用而产生作用的两个步骤，实指相互作用的双方，它们相对而立确立行动的大门。由大门而表现的是行动之势，这是自然的大势，就是说必然的行动在所难免。我们每行一步，都是一个新的力量的作用，它发挥作用而产生反作用的力量；每行一步都创造出太极，其作用与反作用产生两仪；每行一步，都是创造的一步。其个体现象是行走在天地之间，而其自然现象是创造运动，人的行走的意义秉承的是自然创造的意志。

天与地相对而立，预示着一个必然之势，或者自然本源，那就是动。一切都由动产生，动创造一切，包括动静本身。其人性的认识就是太极，或者说超动。

无　极

　　无极，确立一个相对于太极的参照物，它映衬了动。

　　犹如人的影子，是人的存在而创造了影子。它是静，但却是动态的存在，因为人一步一步的行动无限。静由动而创造，其自然的意义是孕育而爆发，无极由太极而创造，其自然的意义是孕育一个开始。

　　自然运动无始无终，其开始就孕育于现在，那么无极是关于现在的超级认识。针对于个体自我，其意义是关于自我否定的认识，并确立一个认识自我的基础。人们以其知的经验推论到原始，或者说开始，从而映衬现在的动态。这是一个肯定，因为它是由真实而推论的结果，它的存在只能说是一个必然，是由现在而行动而获得其表现的必然。

　　无极是被创造的存在，而不是某个原始的本来就在那的东西，并且无极也是有大小的。无极的现象是自然本源能动的象征，这里没有个体的形式，没有知的意志，没有你没有我的表现，大家混同于力量的作用状态。这是一个统一作用的整体，它的被创造的存在性质决定了这一切，即一个爆发的前奏。同时这还是一个认识现象，它认识了现在及其力量意志，一定的力量作用创造了一个太极，同时认识一个相应大小的无极。

　　无极是真实存在的，但它不是存在在原始时，而是存在在现在。每一个行动必然创造一个无极的相应的存在，因为每一个行动都是一个突破，它必然制造一个相应的无的状态，或者说混沌。这个状态就是力量作用的状态，是对抗的双方彼此都发挥了作用，而产生行动的那一时刻。个体的形式及其情感，化作自然本源，形成运动存在的基本环节。

关于现在的动态的认识就是自我否定，它产生一个无的状态，即将现在的有化作力量状态。其力量以其能力而波及新的范围，其行动将它踩在脚下。一切都由动产生，动产生静，其人性的认识就是无极混沌，或者说超静。

阴阳两仪

阴阳，就是对抗，在对抗中迈出新的步伐。

此时此刻，是作用与反作用彼此共同创造的行动力，具体的形式就是两仪，即二元对立。其中，阴阳表示动态，象征实现一个动点；两仪表示动态形式，象征运动之门。

我们每走一步，实现了力量的作用，获得了反作用的力量，而行动。其自然现象是脚踏阴阳，创造两仪。这是一个运动单元，是在无极而太极的自然本源之上，实现作用获得反作用的动态表现，是由具体形式所创造的运动现象。

其阴是一个力量作用所形成的效应，所创造的一片天地，它构成再一步行动的基础，因而为阴；其阳是一个反作用力的表现，它突破现在而表现自我，因而为阳。阴阳作用爆发的是新的力量，实现的是突破再突破的动态意志，彼此的双方发挥了超我的作用。其阴阳相对两仪并列的意义是：运动之时，在运动之中，而实质是诞生新的行动。

如，天地、善恶、好坏，再如，高下、长短、前后，它们表示现在处于动态，表示相互作用获得新的力量而表现。两仪，是阴阳作用具体形式的演化，它的意义在于创造一个运动的场所。天地就是一个运动的场所，善恶好坏同样是，个体在其间运动而表现。不论是天地的作用，还是善恶的作用，它们的意义都在于新的表现。阴阳产生两仪并列，预示着新的力量的产生。对抗的双方互为基础共同突破，这标志着一个运动的势能具有了个体的方向，其个体的方向是创新而生。天地善恶好坏就是这样的两仪，其作用预示着创新，预示着作用世界的大势。

在这个大势之中，在相互作用的彼此之间，行动及其形式和我的意志表现出来。这是创新而生的意志，做大做强的意志，它面对的是更加广大的空间。《系辞上》曰："广大配天地，变通配四时，阴阳之意配日月，易简之意配至得。"此处所得的是人。阴阳作用犹如天地四时日月，其品德具有广大变通而创新的品德，而事实上这就是人的品德。此时的易就是人，他秉承力量自然而实现自我，但成就的是自然运动之道。

人之道，就是运动之道。每行一步，创造一个阴一个阳；每行一步，奠定一个基础，确立一个新的意志。《系辞上》曰："一阴一阳之谓道。续之者善，成之者性也。"就是说：一阴一阳一基础一表现就是运动之道。其发挥和运用就是善，持续发挥和运用就是自然。

一阴一阳，犹如台阶，一步比一步高。它展示力量，展示变化，展示运动存在，同时创造情感，创造新的意志，创造你我他。两仪并列，则以具体的形式象征这样的一个大门，那就是强大之门。

爻

爻，形象地表示了变化和受力。

从字面上看，其意犹如其形，左右相交，上下相交。如经纬线之网状相交，形成一个空间，它具有融汇交接，配合的含义。从内在的情况看，融汇、交接、配合等一系列的变化，是有一个新的力量的介入或者是诞生。

这个网状的空间，标志着一个新的存在，或者说现在的存在。它包括作用与反作用、否定与肯定，从无到有的一个混合的过程，并形成感知、知、和自我意志。它是一个获得力量而突破的现象，或者说是你突破现在的表现。爻形象的表述了这个你，即象征一个力量表现的单元。

爻分为阴爻和阳爻，其符号分别为"－－"和"—"，其自然象形的意义就是表现。但这不是两种爻，而是爻表现的两种性质。它们相伴而生，相伴而死，互为基础而共同表现。阴爻由阳爻而产生，阳爻因阴爻而存在，这犹如作用力与反作用力，它们共同作用而产生行动力。作用力处于暗，反作用力处于明；作用力具有主动性、破坏性，反作用力具有被动性、创造性。因而，作用力为阴，反作用力为阳。这个世界事实上只是一个阴阳力量作用的世界，阳的力量创造了世界，阴的力量建设了世界，由此而运动存在。

爻，象形的表现了自然力量的作用，及其相应的效果。一个力量作用

150

突破现在而表现自我，实现的是一个多方作用的过程，同时相对的创造了一个综合的静态的存在。静变动动变静，阴变阳阳变阴，表示一个付出与获得的持续的意志，这是自然的意志。

　　自然提供给我们这样的一个平台，无论你付出多少，必然有相应的回报。而实质是你必然地要付出，这也是自然的意志。

四　象

　　当你向前走一步，同时，万物向你走一步。这是一个动态的效应，它影响四面，而创造前后左右。关于前后左右的认识确立四象的概念，它诞生于你的脚下，与你同行共步而方向相反。

　　阴阳作用，两仪并立，反映了现在的动态及其势能。这个动态之势由你的脚步开始，当你迈开脚步之时，则有两个动和静表现。一个是你的动和静，一个是周围环境的动和静，其效果是自然赐予你一片天地。这四个因素，相互对应同时表现，《易经》用四象来表示。

　　由阴阳两仪而四象，表示运动产生的那一刻。此刻，主动性的作用力在动，被动性的反作用力在动，两种力量相互的作为初步显现。双方的力量开始交锋，受力与被受力交合在一起，因而个体行动的这一刻具有四种因素。四种因素并存，其自然现象是蓄势待发犹如箭在炫，真正的运动形态还没有诞生。这四种因素对应不同的力量作用和运动状态：1）付出力量作用；2）获得反作用力；3）相互对抗；4）新的力量表现。其自然的现象是你迈出脚步开始行动，用《易经》的原理来表示则为阴爻阳爻相重生四象，即由两仪发展到四象。

　　人在动，相对的自然万物随之而动。个体的动和静，自然的动和静，相互作用而最终表现个体的动态。其中单个的因素《易经》用爻来表示其作用和现象，四个因素的共同作用《易经》用四象来表示，那就是突破、表现、意志，即个体的动态形象。这表明在两仪的基础上，新的力量发挥作用，而发生新的变化。

个体变化就是动和相对产生的静两部分组成，动习惯上称之为阳，静习惯上称之为阴，合称阴阳。相映衬的，自然同时表现出阴和阳。自然的阴阳是本源是太阴太阳，个体的阴阳是继承与发展是少阴少阳，这就是四象。

从现象上看，是动和静拘成了个体的动态现象，而内在是一个力量实现了其作用。

卦

　　卦，不是预测或者算卦，而是对各种因素的分析。卦的意义是继承与发展，它展示一个运动的横截面。

　　各种因素发挥作用而整体发挥作用，卦将各种因素在运动中的状态展现出来。通过自然表现的次序，由不同的因素一步一步发挥作用，实现整体持续的动态。此时每一个因素都获得了表现，自然地发挥其作用。

　　一卦由三爻组成，三爻分别象征着天、地、人。它们代表自然的因素，预示着一个完整的运作机制。天代表着自然力量的作用，它突破现实而通向未知；地代表创造，它承接力量而创造反作用力；人运用其作用与反作用的力量，而运动存在。《易经》将其设为一卦，表现其自然的意义。卦中的三爻自然的具有阴的属性和阳的属性，每一爻的变化都预示着一卦的变化，每一卦的变化都预示整体的变化，即运动变化。

　　卦显示的是力量的运作，它统合各种因素而爆发，并创造一个运动的世界，它的意义是做大做强。运动世界存在于物质形式之上，力量作用之上。因而初爻代表人，二爻代表地，上爻代表天。它们并存而不分先后，如果要分的话，只是一个继承与发展的先后。这个运动世界只和现在有关，它独立于过去和未来。过去已被否定而未来正在创造，真正地运动没有时间，只有现在。于是，一卦可在宏观上展示一个完整运动的意义，也可从微观上展示一个运动的某一步骤，因为它独立存在。这也象征了自然

154

界相对的无穷大和相对的无穷小的无限性，以及个体的多样性和个体存在意志的同一性。

这是一个统一的过程，由一个自然力量的作用到一个反作用力的作用，再到一个运动的作用，而统一于自然。其中人先动，人继承和发展天地自然的意志，并站在自然运动的巅峰。天地成为人表现自我的基础，这是一个由基础到表现而不可分的整体，卦从内在展示其力量自然的意义。

每卦，一次只能发挥有限的力量，犹如人一次只能走一步，但正是这一步一步的积累而使人远行。自然的意义正是如此，一天一天犹如人一步一步的现象，这是做大做强的现象。圣人设卦，其意义是继承与发展，其卦卦相续无穷无尽的意义是强大无限。

八　卦

　　人每行走一步具有八个因素，它们构成一个持续的机制，确立一个运动的单元。刨开这个运动的单元，分析其运动的机理，确立其表现的意志，就是八卦。

　　伏羲氏画八卦，是对人行走的总结。行走的意义在远方，其无限的激情领袖万物。《系辞下》曰："古者包牺氏之王天下也，仰则观象于天，俯则观法于地，观鸟兽之文与地之宜。近取诸身、远取诸物，于是始作八卦，以通神明之德、以类万物之情。"

　　伏羲氏所"类"的是人之情，人走在万事万物的前面。人自然的拥有两种力量，犹如一个人拥有两条腿，正是两条腿相互作用实现了身体的创造行动。一是自然力量，它象征天；二是反作用力提供的力量，它象征地。这两种力量共同作用构成人行动的力量，即第三种力量，它是运动存在的力量。三种力量混成一体实现了整体的走动现象，《易经》用卦来表示。这三种力量构成卦中三爻，并使八卦成列，事实上是人走动成行。

　　卦中三爻的阴阳变化形成八卦运转，运转一周在现实中等同于人向前行走一步。当右脚跨出实现由阴变阳，紧接着左脚跨出也实现由阴变阳时，我们称为一步，即个体人整体向前走了一步。在这一步中左右脚各行动一次，身体则行动两次，从而具有连续性。当左脚踩实右脚抬起时，左腿呈阴性右腿呈阳性；当右脚踩实左脚抬起时，右腿呈阴性左腿呈阳性。

不论是左腿还是右腿，也不论是阳变还是阴变，只要是变化一次都表示一
个新的力量的作用。

此时身体由阴变阳或由阳变阴一次。双腿的阴阳变化共出现了四次，相应的身体运动两次，其阴阳变化同样是四次。并且是阴对阴阳对阳。就是说不论左腿还是右腿当它在行动时身体都在行动，当它静止时身体都在静止。唯一不同的是节拍，身体运动的频率是单腿的两倍，而节拍只有其一半。这样，一个整体的持续运动被共同创造出来。

这里象形的表述了一个运动单元所具有的八种属性，或者说是一个完整运动的内在的八步骤。宏观上看是一个持续的运动现象，微观上看是由八卦组成的一步一步的积累，但是它在宏观上和微观上所表现的都是一个持续的意志，它突破现在的限制。

《易经》八卦在这里表述的是自然，是由人的行走而呈现出的自然运动，其意义是运动无限。

先天八卦

伏羲氏所画的八卦图是先天八卦，它论述了一个自然的大势，那就是运动存在。

这个大势构成了存在本能，也就是运动本身。日出东方，照亮天地，其动态的效应，展示八方的位置。这是动态之中的位置，先天八卦以其自然运动的次序，而表述其运动。先天八卦运转一周，阴阳鱼旋转一圈，就是自然的一天。

人向阳而生，面南而立，认识八方的位置。于是，乾卦代表纯阳，为正南；坤卦代表纯阴，为正北；离卦代表火，为正东；坎卦代表水，为正西；兑卦代表泽，为东南；震卦代表雷，为东北；艮卦为山，代表西北；巽卦代表风，为西南。它们共同表述了一个自然运动，并展现一天之中不同的变化，及其次序。其存在出于本能，人只是被动的认识其规律。

承接乾坤天地之势，自然的一天的表现是：第一步震卦，象征力量的作用；第二步巽卦，对应力量的变化；第三步离卦，日出东方；第四步坎卦，万物现形；第五步兑卦，凹下的形式；第六步艮卦，凸出的形式；第七步乾卦，新的天；第八步坤卦，新的地。各种因素相续表现，当完全表现时则一天获得表现。此时乾卦生成，与此同时新的运动之势形成，即坤卦生成。一天融入自然大势，并创造了运动存在的先机。

158 伏羲始画八卦图，明确一个整体的划分，一切的因素都是同步进行的，这个整体的划分就是表现与基础。一个表现必然有一个基础，并且这个表现同时化作下一个基础，因为运动是无止息的，它无始无终。乾卦先表现而后有坤卦的表现，这表明形成一个表现再表现的基础，也就是运动大势。

一天的变化因循各种自然的因素一步一步实现，最终完全获得实现，并形成新的乾坤对立和新的天地之象。其中的次序表现了各步的象数理占，并且创立其时间和方位。这是自然动态的方位，是直接认识的方位。

先天八卦图如下：

天
南
乾
七

东南泽兑五　　　　　　　　　　二巽风西南

东火离三　　　　自然一天　　　　四坎水西

东北雷震一　　　　八　　　　六艮山西北
坤
北
地

后天八卦

　　文王所画的八卦图是后天八卦，它论述了人能动的存在，那就是运用与发挥。

　　生的需要成为基础，激情意志成为主旋律。个体竞相表现，彼此之间构成了一个表现的世界。水火的需求是第一需求，它们构成生活的天地，并创造新的需求。后天八卦以生活的需要为运动的次序，表述人的激情意志。后天八卦运转一周，阴阳鱼旋转一圈，就是人生活的一天。

　　人以水火而奠定生活的基础，实现新的需要而行动，进而运用八方的资源。于是，离卦代表火，为正南；坎卦代表水，为正北；震卦代表土，为正东；兑卦代表金，为正西；巽卦代表木，为东南；乾卦代表金，为西北；艮卦代表土，为东北；坤卦代表土，为西南。它们共同表述了一个人一天的生活，或其人一天的表现及其不同的状态。其存在出于激情，人主动的运用自然规律。

　　每一天都是新的一天，人由生存的欲望而实现其表现的欲望。其表现分八步运转：第一步艮卦，象征人登高的愿望；第二步坤卦，象征大地坚实的基础；第三步震卦，人的作用获得表现；第四步兑卦，认识万物；第五步巽卦，获得新的变化；第六步乾卦，变化的作用无限；第七步离卦，诞生新的欲望；第八步坎卦，运用新的欲望。其运转由水火的运用又回到水火的运用为一周期，表明人的生活进入另一个层次，或者新的一天开始。这是在运动之中实现自我的行为，其主动性表现在以自然规律而发挥自我的需求，最终以力量作用而表现自我奋斗的激情时刻，并以此融入自然大势。

人的生活由水火的运用开始，由知天知地的无限意义而获得持续性，由金木水火土相生相克的自然规律而确立真实。后天八卦标志着人在自然运动之上的存在行为，这是一个运用、发挥、表现的行为，所有的一切表现的都是生的激情意志。

后天八卦表述的是一个生活图，即一个知的运用。或表现，或自由发挥，其形式是民以食为天。

后天八卦方位图如下：

火
南
离

木巽五　　　　　七　　　　　二坤土

土东震三　　　生活一天　　　四兑西金

土艮一　　　　八
　　　　　　　坎
　　　　　　　北
　　　　　　　水　　　　　　六乾金

《河图》

　　变化是不止息的，人们身在其中，自然的意志不以人们的意志而转移。但是人们运用数，来记述自然的变化，表达其不息的意志。在变化之中模仿，在运用之中认识，数的观念渐渐地强大起来。于是，龙马负《河图》而出。

　　《河图》展现了先天的运动图，是用数的形式直接表现自然运动的运动图。它象征人们在一定的范围内认识自然并掌握其规律。其数的排列以自然的次序而组成持续运作的图形，表述了自然运动的节拍，这是一个自然力量本能表现与运用的效应图。

　　是这一个，还是那一个，表现了具体的存在。人生活在运动之中，其数的观念就是对运动的认识，是这一个还是那一个表现了自然的运动状态。数数，计数，识数，是人逐渐积累的认识能力，表现了行动能力的强大。一手，就是五；两手就是十。人自然地只有一双手，那么，逢十进一。这是自然的意义，人以自然赋予的双手而计数自然。

　　十进位，成了人自然的选择，人只是以此而知，或者说数数。《河图》依据自然的十个数字而得，它代表存在运动的大势。这是以其知而知，或者说知其动，而最终是知其无限而表达其无限。十个数字的自然排列，表达的是自然无限的运动状态。其中，一个数必然有其存在和效应，那就是时和位，时和位的内在次序构成了关于这个数的动态。在动态中而知，或者说知其动，或者说知本身。知一知二，数一数二，人在劳动之中创造了新的存在形式，其行动行为进入更高的状态。

知一必然知二，乃至无限，这是一个行动的持续性的必然。那么一在脚下而二在前方。一个行动是一个力量的突破，它形成一个左右前后的动态的环境。于是，相应的，三在左四在右。其整体的效果代表这个行动的存在，那么，五在中，或者说我在中。五代表其整体的独一无二性，也就是整体的知的确立。这犹如人向前跨出了一步，它是一个空间整体，并且其动态的效应是前后左右中。中不是指中间，而是整体的运动性、突破性。这只是一个力量的作用，或者说力量自然，它由一手的数字组成。

在这个力量作用中个体获得了知，获得了新的力量，它的表现是再一次行动。这样，在一手之上再加一手，则确立十数，因为自然赋予了人双手。双手的数字并列，于是，《河图》之图显，它的意义是自然运动无限。其中，一手，一二三四五，是对一个动态及其效应的数的表示；二手，六七八九十，则是对其持续性的数的表示。这是人的知而对自然运动的知，它象征着力量本能，象征着自然运动无限，同时象征人们的脚步无限。

一二三四五，是自然生成的，为生数；六七八九十，是再一次行动创造的，为成数。《河图》由一二三四五自然的顺序排列，并依次相应加一手，配以六七八九十，展现了先天运动的横截面。前后左右中，彼此相加都是十，象征进入下一个序列，同时象征人一步一步迈开的脚步。

这个横截面就是现在我们所看到的我们所认识的世界，就是说现在正在运动之中，或者说我们正行走在其中的世界。

其图如下：（参见《皇极经世》图 12-1）

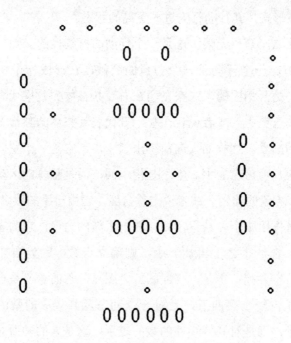

河图歌曰:

天一生水地六成之　地二生火天七成之　天三生木地八成之　地四生
金天九成之

天五生土地十成之

一六在北　二七居南　三八居东　四九居西　五十在中

《洛书》

　　人的力量是有限的，然而运用与发挥无限，生活的意义无限。对于数的运用已不局限在对一个现象来计数，而是对其发挥和运用的计量，事实上是人们对自我的行动行为的计量。双手的意义获得升华，双手之间是劳动创造，人们创造自我的生活。于是，双手合十，逢十进一，而神龟驮《洛书》而出。

　　《洛书》展现了后天的运动存在，表现了人对生活状态的认识，那就是运用与发挥的状态。其数的观念是对具体形式个体现象的运用，这是一个激情意志的生活图。人运用自然，而表现自我的存在，其形式是劳动创造。秉承自然运动之势，劳动创造的意义无限，双手之中的意义无限。《洛书》形象的表述了劳动创造的现象，那就是执中用中。

　　劳动创造的意义是创新，而实际的意义是发挥和运用的突破。用数字来表现，则表现在阴阳奇偶的发挥和运用。阴阳奇偶，表现一个数现在的时和位，这是持续运用与发挥的时和位。奇数一三五七九象征着突破和表现而为阳，偶数二四六八十象征着稳定和基础而为阴。一为运用的开始，九则实现最大化。其图由奇数实现运用和发挥，并依次配偶数为基础，形成一个螺旋上升的运动轨迹。其中阴阳奇偶不是对等的而是进步的，这表明了芝麻开花节节高的生活意义。十代表完满状态，在图中不显现，就是说它已进入另一个序列，即逢十进一。

这是一个进步的世界，是做大做强而突破自我的世界。在这个世界中天地自然之位发生了变化，人的第一需要为地为天。就是说第一步为地，再一步为天，或者说开始为地，突破为天。突破，是一个力量的作用，因而以奇数为主以偶数为辅，以阳为主以阴为辅。它形成一个整体的系统意志，即各种因素获得表现，而完全获得表现。于是，奇数一、三、五、七、九，配以偶数二、四、六、八，形成一步一步动的天地。一为开始表现，九为充分表现。九为数之极，事实上是逢十进一，即实现运用的最大化，由此突破现在而进入另一个数列。这是强大的脚步，它面对新的世界。

　　那么，一为运用之地，九为运用之天，从而在自然之中创立一个自我运用的天地。于是，一北、九南、三东、七西、五中，一个运用与发挥的空间形成。这是一个主动意志的强大行为，它创造的是自我的天地，这个自我居其中列其矛而统一意志。偶数六、二、四、八、十相辅相成，形成一步一步运用发挥的台阶。其相辅相成是通过双手相合而产生，由一个劳动而和，用数字表示就是合五，其意义是双手配合获得持续性。

　　其图八方相对，五在中央。彼此相对的双方之和为十，预示着整体的运动状态，和双手的创造作用。自然运动无限，同时人劳动创造无限。十象征着整体的动态而不显，它标志一个劳动的完成，并构成另一个劳动的基础。这就是执中用中，中的意义就是双手之中，也就是五，也就是十，即劳动创造。

　　劳动创造，真实而又玄妙，或者说玄之又玄，它创造了存在。从而，十隐含在位置相对的数字中，其相互作用而得十，或者说逢十进一。于是，《洛书》之图显。

　　其图如下：（参见《皇极经世》图12-2）

166

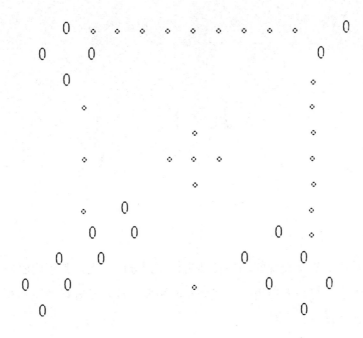

《洛书》歌曰：

戴九履一　左三右七　二四为肩　六八为足　五在中央

（奇数象征突破，代表天；偶数象征稳固，代表地。）

五 行

认识具体形式所表现的动态及其规律，则分而用之。其不同的作用是其自然的表现，只是人们用来实现自我的需要，这就是五行学说，其实质是对自然运动存在的运用。

金木水火土，表现了自然的常态，是先天的运动形式。它们相生相克表现了整体的运动存在，其中各自具有象数理占，这是自然所赋予的运动趋势。人顺应其势而运作，创造的是力量发挥的是自我，实现的是情感的生活。

五行相生相克，代表着自然形式的动态的作用，而对其具体的运用和发挥则代表着人的能动的作用。于是，土生金、金生水、水生木、火生土，土克水、水克火、火克金、木克土。先天八卦展现了自然运动的大势，及其人于运动之中的自然意义，五行相生相克以其自然的位序而展现。后天八卦展现了人们生活的激情意志，实现了人在运动之中的我的意义，五行相生相克以人的需要的次序而展现。以水火同时运用为开始，以获得新的意义为结束，或者说阴阳鱼运转一周，这时人迈开了继承与发展的脚步。

劳动创造了人，这是自然的意志。劳动还创造了人性情感的力量形式，那就是仁义礼智信，它们确立了生活的常态，那就是继承与发展或者说强大。仁是基础，义是动力，礼组织力量，智发挥力量，信确立力量作

168

用的真实。它们对应金木水火土，展现人性力量的高级形态。彼此相辅相成表现了群体的运动存在，其中各自具有象数理占，这是生活情感的力量形态。人们运用具体形式而实现生活的真实，运用情感意志而发挥力量的作用，其人生活于新的力量意义之中。

《河图》代表自然的意志，它是人的认知；《洛书》代表人的意志，它是人的运用。自然的意志是运动，人的意志是生活，一个强调的是运动整体，一个强调的是现在的运动状态。五行的概念奠定了基础，数的概念超越了个体的形式，纯粹化了一个个体的时和位，它们共同表现了动态的真实。五常的确立使人与自然合一，生的情感运动的情感，表现在新的力量新的作用之中。

行走的意义是执中用中，就是把握劳动创造而运用自然，其"中"就是运动。先天与后天由个体的生活而区别，由生活的无限意义而统一。也就是说《河图》与《洛书》的"中"不变，其整体与个体的运动意志在无限的运用与发挥中混一。

五行学说，奠定了混一的自然基础，那就是行动。

象数理占

真实的现象是动态现象，对其动态局势的把握和分析就是象数理占，这是人特有的能力。

犹如自由落体一样，人们认识了它，进而去把握运用。象是动态之相，由具体的个体形式所表现；数是指个体性、整体性，它构成一个量的认识基础；理是一步一步表现的机理，是存在的运动之理；占是运动之势，是一个必然的认识，或者说是对必然性的效果的预测。

每走一步，必然的有一步的象数理占，这不是神奇，这是真实。象数理占，是对力量的整体的描述，拥有一定的力量才具有一定的认识，从而具有更高的眼光。获得力量必然的要表现自己，这是力量自然。先天八卦表述了这个自然，《河图》展现了其大势；后天八卦表述了其运用之理，《洛书》展现了其人劳动创造的无限情义。

自然是一个整体，这里本没有先后，只是由知的觉醒和运用而分为先天和后天。由本能而动的是先天，由生的激情意志而动的是后天。彼此是辩证统一的，这是一个突破与被突破的统一，是运动而存在的统一。后天以突破现在而获得存在的价值，先天作为后天的基础而获得表现，其间是一个强大的运动势能。《河图》与《洛书》是统一的，它们统一在其"中"不变，这个"中"就是自然运动。就是说统一在，以新的欲望而表现的力量作用之中，其人的生活与自然大势合一。这就是人能动的象数

170

理占。

后天八卦是一个运用发挥而突破的运动图，它表示人获得力量而突破其作用，在这里人突破的是自我。尽管强调的是运用，然而运用的是人，那么先天八卦论述的是自然的基础，后天八卦论述的是一个为人的基础。《乾·文言》曰："先天而天弗违，后天而奉天时"就是说：先天的大势不可违背，人奉天承运而表现自我。

各种自然因素相辅相成而为人所用，春华秋实是自然获得，而人在其中获得的是力量，其自然四季的变化成就的是人类自主的力量意识，及其生活的情谊。

象数理占，就是这样的意识，是力量自然的能力。当你力量最大化而突破自我时，则突破后天而获得先天，此时，天人合一。

六十四卦

　　人类社会在自然运动的基础之上，展现了超级的运动形态，其中曲折神奇而波澜壮阔。六十四卦，展现其曲折神奇的过程，演绎其丰富的内涵。

　　这是一个加速运动，它包含了其运动存在的所得与所失，从而以人性的情感而表现了运动存在的情感。运动的情感使人走出所得与所失的局限性，而面向更高。人站在物质的基础上，借用自然运动的大势，所追求的是美好。

　　随着力量能力的强大，知识的丰富，人的世界多姿多彩。人们不断地开拓新的世界，其中情感、知识、力量的本能欲望各领风骚。六十四卦，熔自然的因素和人的因素于一体，一卦设六爻。这是自然的力量世界和人类的情感世界，融合在一起的六种因素。按照自然作用的次序依次为：1）初爻为人；2）二爻为地；3）三爻为天；4）四爻为善；5）五爻为恶；6）上爻为社会人。

　　六爻各具有阴阳两种因素，这是动态的因素。其动态，同时包括人和群体及其自然，三方的意志。三方都在动，一条主线贯穿于其中，那就是运动存在。自然创造了人，人创造了群体，而站在其巅峰。自然的形式是优胜劣汰，群体的形式是实现竞争，其共同的作用在于实现人一个更高的运动形态。六种因素相互作用完全发挥，象征人行走六十四步，也就是六十四卦。六十四卦象形的表述了，人一步一步由自然走来，创立群体生活而领袖自然。

初爻代表人，表示人先动，象征一个劳动，预示着一个新的开始。它实现自然力量的作用，因而存在于每一卦之中。这表明个体所有的因素都因它而发，即，动，随之创造了相应的一切。从卦相上看初爻只变化一次，而贯通六十四卦，形成每一步的基础。上爻代表社会人，它运用承受各爻所有的变化，而呈现于整体变化。就是说不论是自然的还是社会的因素，它们的意义都是服务于人。因此，在六十四卦的变化中，上爻社会人阴阳持续变化 64 次。其余各爻循序渐进。内中的迂回曲折，是个体与整体的统一，是情感的波澜丰富，是力量的强大。

阴阳是对变化的运用，五行是对变化形式的运用，八卦是对自我的运用，而六十四卦则是对群体的运用，这一切都是人的运用。人的运用是个体的，并在运用与表现之中与整体统一，进而与自然统一。就是说，个体的人的发挥和表现，标志着最前沿。于是，先天被踩在脚下，人则以其势而突破。先天与后天只是一个继承与发展，是运动而统一，个中的情感的曲折是智慧，发挥则是力量表现。就是说：新的力量作用，统一一切。

不论知识的形式有多么的进步，人所拥有的生命力再多么的强大，它始终只是自然进步的一部分，人类的存在犹如自然一个进步的意义。《易经》六十四卦用它象形的符号将这个意义纯粹出来，那就是卦。卦与卦之间是持续的关系，它象征着新的力量的欲望和意志，同时象征了人性的情感的运动意义。

《易经》六十四卦，实现的是一个国家的作用，人由知善知恶而知自我的力量，从而组织了政治社会。其人则由自然人自然的情感，发展到群体的超个体超情感，获得政治人的身份。这个身份具有超级的象数理占，其势是超自然之势。

六十四卦运转一周，阴阳鱼旋转一圈，就是自然的一年。

第七章　礼仪的力量概念

　　礼仪，是一个力量所具有的威仪，是强大的行动力所具有的品德。它组织力量表现新的力量，并创造激情意志而确立行动的先机。

礼　仪

　　礼仪不是简单的一个礼节，更不是一个礼貌。礼仪的实质是组织力量实现一个行动，同时是面对力量发挥力量的作用，展示其威仪。

　　行动是力量的行动，认识这一点很重要。其品德犹如射箭，表现其力量达到其目的则有礼仪。"射者，进退周还必有礼。内志正，外体直，然后持弓矢申固。持弓矢申固，然后可以言中，此可以观德行矣。"（《礼记》）中的，然后有德行，行动完满则有礼仪。其中的核心是强大的力量作用，而其行动完满才有德行，之后才创造出礼仪。

　　有力量才有强劲稳固的行动，没有力量则寸步难行，更无德行可言。力量是一切的基础，以礼而行，就是以力量而行。其中人性情感的意义，确立的是力量文明。此处文明的是力量，而实质是获得了力量表现的意义，这就是礼的作用。《礼记·礼器》曰："礼也者，合于天时，设于地财，顺于鬼神，合于人心，理万物者也。"就是说：礼的作用，在于顺应天时大势，在于组织地财物力，在于创造神奇，在于顺应人心，在于发挥万物的作用。

　　礼仪产生于力量之间，作用于群体之中，实现的是整体运作。由礼区分人与人之间的亲疏上下关系的等级，然而这不是大小的区分，也不是贵贱的区分，这是力量运作的秩序。《礼记·射义》曰："故燕礼者，所以明君臣之义也；乡饮酒之礼者，所以明长幼之序也。"一个礼节，所定的是一个人的责任与义务，最关键的是确定了其位置。这个位置是一个人在一个家或在国家的作用，表示一个统一行动的力量体系，如果没有行动则只是一个礼法，礼仪则失去本来意义。

一个力量的行动必然有其杀气和威仪，那么，礼仪必然是对抗性的礼仪，它表现在力量与行动之间。先人制定礼仪是为了更好地发挥和运用，也是为了后人组织更加强大的行动。《礼记·中庸》曰："优优大哉！礼仪三百，威仪三千。待其人而后行。"

善良、诚信、品德，是不能独立存在的，它们只是礼仪的一个必要的环节。这个必要的环节所奠定的是尊严，那么，礼仪所表达的是力量文明强大的威慑力。

礼尚往来

礼尚往来不是对等的，而是进步的，它的意义在彼此作用之中所产生的新的东西。往来的是力量，及其惺惺相惜的尊严，最终表现的是力量文明。

礼是群学，它使人行走在群体之间，或者说作用于力量之中。《论语·季氏》曰："不学礼，何以立。"学礼，学的是规矩，确立一个力量的系统。以其规矩而表现，则立足于社会之中。此处的"立"是表现是发挥，发挥的是力量表现的是人能动的形象，还有彼此往来的力量法则。

在行动之中，付出了力量必然有效果回报，承受了力量必然要反击与作用。《礼记·曲礼上》曰："礼尚往来，往而不来，非礼也；来而不往，亦非礼也。"这是一个成长的过程，并不是一个纯粹的交流，力量在作用与反作用中成长。"非礼"，不是没有礼貌，不是不懂礼节，而是没有行动，或者是因为善良而放弃行动。

这是一个主动行为，其意义在于表现自我于一个新的领域，在于对力量的渴望。《礼记·曲礼上》曰："礼，闻取于人，不闻取人；礼，闻来学，不闻往教。"主动的学习，学的是力量。其主动性的意识突破的是自我，这表现人在追求更高的存在。将自我表现在一个新的领域，则行为和意义不同，同时生活的意义也不同。

"投我以桃，报之以李。"（《诗经》）这不是被动的接受，也不是被动的回与，这是力量交流。其作用不在桃和李，而在彼此作用的意义。
有礼貌不一定总能为你带来好运，但没礼貌是短期行为，想要走得更远，
必须有一个力量的开始。

　　古人云：犯我大汉天威者，虽远必诛。这就是礼尚往来，并不是一味
的宽容大度就会得到认可，而是在力量博弈中获得新的东西才会得到认
可。

君 子

　　君子，是获得礼仪文明的武士。

　　古代社会，一个男子自然的就是一个猎人或者是一名武士，人们以本能而战斗，而生活。这是被动行为，其意义只是为了生存。在文明社会，一名武士还懂礼仪有知识，他学习创造新的生活。

　　通过野蛮的生存斗争，人们获得了知识获得了情感，同时也获得了文明的力量形式，这个形式就是礼仪。彼此之间相互礼仪，是为了获得新的力量，这一点毋庸置疑，然而更重要的是为了实现一个主动的意义。那就是，面向新的世界，而获得自我。象曰："天行健，君子以自强不息。"象曰："谦谦君子，卑以自牧也。"（《易经》）其主动的意义在于自强和不自满，而这一切都在于自己，在于置身于一个更大的环境之中。

　　武士就是力量，那么，以礼而行的武士就是超级力量。由此的礼仪则实现力量之学，它使人站在自然力量之上。子曰："君子道者三，我无能焉：仁者不忧，知者不惑，勇者不惧。"（《论语》）这是一个强大的形象，圣人都自谦于此。仁义、知识、力量，构成一个超级的力量形象，其人解决忧患而没有忧患，处理困惑而没有困惑，战胜恐惧而无惧一切。人的行为意志，在力量自然之上以礼而行，其存在意义就是飞翔。

　　强大的形象表现了谦和有礼貌，他是一名勇士。孟子曰："自反而不缩，虽褐宽博，吾不惴焉；自反而缩，虽千万人，吾往矣"（《孟子》）

承担责任和义务而行动，则人不为本身而活。自然力量获得新的存在形象，那就是君子形象。其内在的机制是情感和知识，它象征文明战胜野蛮人性战胜本能的强大。其人拥有强大的行动力和战斗的情怀，犹如一把利剑而刺入未知。

君子概念，强者概念，强在横扫一切的人文力量。其形象由力量表现而礼仪天成。"君子不立于围墙之下。"（《孟子》）就是说有危险就把它解决掉，这就是君子。

由仁义而行

文质彬彬

文质彬彬，是指一个有礼貌的武士形象。

武士是一个大前提，或者说行动是一个大前提，文质彬彬是行动中的一个强大的力量概念。子曰："质胜文则野，文胜质则史。文质彬彬，然后君子。"（《论语》）人在行动中表现，当游刃有余而实现自我之时则获得一个形象，这个形象就是文质彬彬。孔子所说的就是此情此景，是一个人完全发挥而实现自我的时刻。

自信和力量同时表现，从容不迫的做事风格，表现的是必然的行动能力。通常的理解，文指文采，质指实质，彬彬指表面和内在相互协调配合得当。形容人文雅又朴实或者文雅有礼貌，事实上是有力量有礼貌而文雅。强大的行动能力所表现的是一个持续的现象，完全发挥则奠定了力量的真实性，即不虚伪不野蛮。那么，文就是表现，质就是行动能力，彬彬就是强大而坚定不移的步伐。

此时，力量生活化情感化，从而变得清晰而真实，力量的欲望以追求和意志而人性化。是你和我的情感创立了新的世界，而不是别的什么。《诗》曰："关关雎鸠，在河之洲。窈窕淑女，君子好逑。"优雅的礼仪超越了本能的行为意义，而是追求的意义和情感动力。自然本能只是这个情感存在的衬托，而人的存在则是在这个形式之上开辟的新的存在。于此，自然生命获得了超越的意义，其实质是人以情感形式获得新的存在意义。

此情此景，在于做新民。存在以新的意义而定，自我以突破而创新的行为而定。汤之《盘铭》曰："苟日新，日日新，又日新。"《康诰》曰："作新民。"《大学》曰："是故君子无所不用其极。"所以，君子时时刻刻都将自己所掌握的知识发挥到极限，以企突破创立新的意义。

人与动物的区别，文明与野蛮的差距，在于拥有自己行为的知识和意义，那就是创立新的存在的价值。其现象是继承与发展，然而其核心是发挥力量作用而做新民。在此，知识与力量合一，力量与情感合一，文与质合一。

文武之道

文与武是不分的，之所以分文分武，只是一个认识的需要，同时是一个继承与发展的需要。

人秉承自然之势而处于运动之中，其脚步永不止步，每一步都是继承与发展的一步。认识这一点，则认识人的行为意志，那就是爆发。继承为文，发展为武，这是一个积聚力量而爆发的机制，那么积聚力量为文，突破而爆发为武。它们是一个整体，是一个永不止步的整体。

《礼记·杂记下》曰："张而不弛，文武弗能也；弛而不张，文武弗为也。一张一弛，文武之道也。"就是说：一直把弓弦拉紧而不松弛，就是文王武王也无法办到；一直松弛而不绷紧，那是文王武王不愿意做的。只有绷紧放松再绷紧再放松有劳有逸，才是文王武王治理天下的办法。那么，"一张一弛"之间是什么？是一只一只射出的利箭。于是，文武之道，即持续运作之道，是爆发而持续爆发之道。

这里不分文道，也不分武道，所实现的是运动之道。人一步只能走这么远，消化它，然后突破，就是文武之道。由文到武是目的，由武到文是积蓄力量，其中有一个整体的意志，那就是不停止。《尚书·大禹谟》曰："满招损，谦受益，时乃天道。"天道在于不停止，万事万物都处于运动之中。满足于现状的人就会停下来，他面对的必然是消亡，而不停止的人则获得自我获得新的世界。

side seal image with vertical text 由仁义而行

这是自然法，其人性的表达就是一张一弛，文武之道。人们懂得骄傲自满有害，谦虚谨慎有益，然而，其中还有情怀，这个情怀是力量的情怀，因为每行一步都代表着一个新的力量。骄傲自满是针对于人的，谦虚谨慎也是针对于人的，如果不能产生新的力量则这些都不存在。

这里实现的是力量的组织和运作，其中还有礼。礼，不只是创造了力量还创造了君子。那么，文武之道，就是君子之道。

仁义道德

仁义道德，只存在于人与人之间，它诞生于人性情感的觉醒。

舜帝，"慎徽五典，五典可从。"（《尚书》）从而建立情感形式推行德教，开创礼仪文明的先河。人们感受亲情制礼作乐，以情感为纽带以礼而组织力量，奠定了人性善的动力机制。

人的形象脱颖而出，仁义道德就是人的形象，这是力量强大的超级形象。它预示着人性情感战胜野蛮，文明战胜愚昧，其内在的机制是礼。《礼记·曲礼上》曰："道德仁义，非礼不成。"那么，由礼而成的是力量，及其行动。于是，仁义道德，不只是力量的，还是行动的，它起润滑加速的所用。礼组织力量，仁义道德组织行动，这是群体的行动，因而是超级行动。其中不同的是，群体代表的是做大做强的自然的意志，仁义道德代表的是做大做强的人的意志。

仁义道德是有界限的，它对内是仁义对外是力量，对人讲道德对野蛮人讲力量。其运行必然的由一定的礼仪规范来实现，而其真正的含义是仁义道德由力量而实现。其中礼的作用在于，形成一个最佳的结合点，从而凝聚各方面的力量。判断事物之嫌疑，分辩事物的同异，而整体发挥作用。同样，仁义道德是整体协作的道德，而不是作为一种品德去范围人；礼的作用是群体行动的力量方式，而不是作为条条框框去限制人。如果没有行动，则就没有仁义道德；如果以情感来限制人，则是真正意义上的人吃人。

《礼记·曲礼》曰："教训正俗，非礼不备；分争辩讼，非礼不决；君臣、上下、父子、兄弟，非礼不定。"君臣、上下、父子、兄弟，依礼而形成一个整体，这是一个行动的整体，所确定的是超级力量。在整体的行动中，个体以礼而行获得了集体的力量，同时以礼而行，获得了超我的使命，仁义道德自然而成。

以礼而行，整体协作产生归宿感，它赐予个体超自我的力量和意志。同时，创造了各种美德，如：谦虚、诚信，还有不说谎话、不欺人、不走歪门邪道等。仁义道德代表着一个强者的形象，其品德就是言出必行的品德。

由礼而实现的规范，成就的是新的力量，实现的是超级的行动。那么，仁义道德不是规范本身，而是超级的行动力。

禽兽之分

禽兽之分，只是停止与不停止之分，野蛮与文明是相对存在的。

人有自然的欲望和情感，这一点和禽兽没有什么区别，唯一的区别是人面向更高而不止步。其中的关键是知礼，获得仁义的方式。礼使人获得新的力量，仁义的方式创造新的欲望和情感。

孟子曰："人之所以异于禽兽者几希，庶民去之，君子存之。舜明于庶物，察于人伦；由仁义行，非行仁义也。"（《孟子》）就是说：人和禽兽的区别就在于不止步这么一点点，一般的人丢弃了，君子时时履行之。舜帝明白万事万物运动存在的道理，明察人伦能动的关系，他由仁义的方式而行而在于永不止步，舜帝并不把仁义作为目的。

仁义只是人行为处事的一种方法，而不是作为一种目的和意义去规范人；仁义是人自我追求不断学习而掌握新的力量，而不是教人学习追求自我，它的意义在于自然无限。其中礼的作用非常明确，以礼而行不只是创造了力量，同时还创造了威严。那么，仁义必然的具有一个力量的所有的特征。假如说，人因为有礼貌而失去了面对野蛮的能力，人因为谦虚而变成谨慎；假如说，人因为善良而失去了面对危险的能力，人因为谦让而失去了行动的能力，那么，这是文明的误区，或者说是善良情感的误区。

人兽之分，从知礼开始，从获得仁义的方式开始。知礼，不只是创造了新的力量，获得仁义的方式，不只是创造了新的行动和欲获，它使人永不止步。人由弱小一步一步走向强大，这个强大是无限的无止境的。在这个无限强大的行动之中，人的形象创造出来了，其风貌是领袖万类。假如有一天，因为礼，或者因为某一善良的情感，或者因为别的什么，人们停下了脚步，那么，人的形象就消失了。不能获得新的力量面对新的世界，不能获得新的欲望而突破自我的情感，不用说猛虎雄狮，人连只老鼠都不如。

诗云："相鼠有皮，人而无仪，不死何为！相鼠有齿，人而无止。人而无止，不死何俟？相鼠有体，人而无礼。人而无礼，胡不遄死？"（《诗经》）一只老鼠都有皮毛、利齿、形象，一个人如果没有威仪、耻辱、知礼，连只老鼠都不如。

仁义的方式并不是温和、有礼貌、谦虚谨慎的表面现象，仁义的方式是超级的力量方式。如果，人连野兽都不能战胜，那只能说明人连野兽都不如。由此，人的特征是，面对危险，将危险踩在脚下。

礼仪文明不是禽兽之分，而是知礼知力量知人性情感永不止步，而勇往直前。

杀身成仁

杀身成仁，成的是力量的体系。

舍生取义，取的是必然的行动。

孔子曰："志士仁人，无求生以害仁，有杀生以成仁。"（《论语》）

孟子曰："生亦我所欲也，义亦我所欲也；二者不可得兼，舍生而取义者也。"（《孟子》）

这不是某一个人的事，而是由当仁不让的行为带动更多的人，其中的关键是确立一个行动的机制。一个人的表率，如果没有更多的人响应则毫无意义，再如果没有统一行动的机制则仁义无从谈起。其中最关键的是关于行动的意识，或者说关于仁义的意识，仁义不是静态的而是超级的力量形态。仁义是人特有的强大的形象，而不是善良的无动于衷。

那么，成仁，成的是责任；取义，取的是义务。由个体到整体，由小家到大家，表现的是超级的力量意志。个体在其中是短暂的，整体的意义是无限的，只有在整体中发挥自我才有新的意义。舍弃自我则获得大我，当然舍弃是完全发挥，或者说是充分表现。这里存在一个意识的转换，大公无私的状态是很不情感的，人的情感是私有的，只有获得自我的情感才能转换到大的情感。认识到这一点，才能认识到仁义，那就是责任与义务。

获得责任与义务，则个人的情感转化到大的情感，其人由仁义而行。

《曲礼》曰："国君去其国，止之曰：'奈何去社稷也！'大夫，曰：'奈何去宗庙也！'士，曰：'奈何去坟墓也！'国君死社稷，大夫死众，士死制。"（《礼记》）这是一个整体的力量机制，彼此明确相应的责任与义务，实现的是行动。这里行的不是仁义，这里行的是力量。于是乎，国君应为国家而死，大夫应为民众而死，士应为制度而死。

这是一个必然的行动，一个人尽到了自己的责任则为仁，同时一个人充分发挥了自己的力量则为义，仁和义是不分的。仁义既是形式又是其行动本身，因为可以无愧于心，我发挥自我的力量是为了实现超我的意志。

仁义，就是为人的尊严，只有将自我完全发挥后才能获得。

第八章　大同的动态概念

　　这是一个表现的概念，自然运动提供动态的平台，个体表现于其中。在表现之中，万事万物是共时的，彼此的作用创造动态的大势。个体发挥自己的作用而表现，实现自己的动态而同一，彼此的竞争就是大同。

大　同

　　人和人都是不同的人，万物都各具形态，然而发挥其作用表现其意志而融入自然大道同一，自然运行之道同一。

　　人以礼认识了个体事物的不同形态，同时也认识了个体事物与自然进步的大势，于是，把握大势而表现自我。这是一个整体，是一个运动整体，其不同个体在作用中同一。这表现在群体的作用，群体的脚步同一，个体表现的情感意志同一。

　　物质形式的个体以自我的存在形式与自然同一，生物形式的个体以自我的生的意志和知的情感与自然同一，人则以礼的形式组织个体力量创立突破自我的群体机制，其表现的情感同一。在表现之中，万事万物是共时的，彼此的作用创造动态的大势。个体发挥自己的作用而表现，实现自己的动态而生活，彼此的竞争就是大同。

　　《礼运》曰："大道之行也，天下为公。选贤与能，讲信修睦。故人不独亲其亲，不独子其子，使老有所终，壮有所用，幼有所长。矜寡，孤独，废疾者，皆有所养。男有分，女有归。货，恶其弃于地也，不必藏于己；力，恶其不出于身也，不必为己。是故谋闭而不兴，盗窃乱贼而不作。故外户而不闭。是谓大同。"（《礼记》）这是一个动态的体系，而不是一个静态的大家均等，同时是面向外在的行动，而不是静下来的平等。其人，表现自己的欲望发挥自己的作用于群体之中，不是自己劳动所得则不屑一顾。

所谓天下为公是指自我实现的必然之势是共同的，这是一个自我实现的大势，在自我实现的基础上建立一个共同的平台，则天下为公。自然发展运行的大道是天下万物所共同的，其运动存在的品德是大家共同的品德。这里的大同是运用和发挥的大同，是运动存在的大同。人们以礼而行，以自我的作用，建立个体发挥实现自我的体系，就是大同世界。禅让就是这个体系，个体表现才华，群体表现运动。

其时，长幼有序，失去劳动能力的人得以妥善安置发挥其作用，整体的运作处于运动状态。发挥其作用就是自然之道，也就是作用与作用之道。发挥其作用则表现自我，彼此的关系是力量与力量的关系，其激情意志是互进的关系。个体获得表现，彼此之间的作用确立大势，群体表现这个大势，并服务于这个大势。

其中个体处于表现状态，群体以其表现而处于运动状态。个体由群体而获得自然之道，群体只是一个平台，内在的机制划分只是确立一个服务次序。从而，人获得了自然的意义，并行波澜壮阔之势。

在彼此力量作用之中实现自我，这就是大道；以礼而行，组织各方的力量，就是大同。这是动态的大同。

饮食男女

饮食男女，是个体存在的基本欲望，同时是自然运动的基础。

饮食就是食欲，男女就是性欲，以及由其欲望衍生的各种关系。然而人不只是有这些，人以这些为基础开创了新生活。告子曰："食、色，性也。"（《孟子》）食色是自然赋予人两个能动性的基础，它们的意义不在其本身，而在于由此而产生的新的动力。围绕着这两个基本欲望人们展开生存活动，并突破其生存意义而实现存在意义。

人不为本能而活，而是以此开创新的生活，饮食男女只是一个必然的基础，或者说是一个自然的开始。"饮食男女，人之大欲存焉。死亡贫苦，人之大恶存焉。故欲恶者，心之大端也。人藏其心，不可测度也。美恶皆在其心，不见其色也。欲一以穷之，舍礼何以载？"（《礼记》）好欲望而恶痛苦，是人自然地反应，然而这只是基本的反应，除此之外人还创造了更高的存在意义。认识欲望同时认识痛苦，开启了人性的眼光，这个眼光就是礼。以礼而行，人们认识了自己，同时认识了存在与运动的意义。

每一个人都有隐私，每一个人都是独立的个体，他的基本欲望和情感是私有的，既就是至亲的人也不能代替。然而人不只是拥有自己，他还拥有亲人朋友和世界，走出自我走出亲情，人才成为人。这不是遗忘更不是丢弃，这是发展自我创造新的意义。在婚礼庆典上，人们喜气洋洋，举行

196

各种礼仪庆贺的不是本能欲望的实现，而是庆贺一个新的开始。那么，自然的情感不是性本能，而是开枝散叶。

礼建立了一个走出自我走出亲情的运动体系，其中有家人朋友还有自我，而最终实现的是自我。依礼而运行，由本能欲望开始实现了一个持续的机制，这是即时的现在的，每一个人都处于动态中。尽管十里乡俗不同，但其创造的存在与运动相同。

依照礼所创造的力量意志和欲望情感而行，则大同。

由仁义而行

世　音

　　生之喜乐，死之哀伤，表现了人性情感的声音。然而，人性情感的声音不在于生，也不在于死，而在于在生死之间你表现了什么。

　　世音，是动态之音，或者说运动与存在之音。由个体而群体实现了社会运作，所表现的是一个个生动的面孔。个体人以其短暂的生命实现了力量意志，而群体则继承与发展。

　　力量以其本能的法则，实现其能力发挥其作用，其自然现象是表现为个体形式，从而展现了一个具体的人。形式展现法则，存在标志着能力，它不以人性情感的声音而改变。人类在物质的形式、生命的形式之上，创立了自我意志的形式。帝舜曰："诗言志，歌永言。"（《尚书》）自我的意志展示存在的声音，存在就是歌。

　　观世音，观的是生的声音，观的是尽情抒发的意志。《乐记》曰："是故治世之音安以乐，其政和；乱世之音怨以怒，其政乖；亡国之音哀以思，其民困。声音之道，与政通矣。"（《礼记》）这里关键是通畅，个体实现自我通畅，则群体运作通畅。治世之音是自我实现之音，其声音超越了生老病死的自然现象，所实现的是激情此刻的声音。

　　这一切都发生在群居的社会中，也就是人与人之间。由人的力量作用、彼此的知的认识和共同的情感意志而组成的世界，就是人间。它不是独立的，更不是孤立的，它本身是一个运动体，并以其运动而存在于自然运动之中，或者说以其自主的生命活动而存在于天地之间。群体的声音就是自然的声音，群体的形式就是运动存在的形式。

世音不是指生老病死的自然现象，而是指在生老病死之中所创造的创新而生的声音。其人性情感的形式是依礼而相合，抒发情感激情意志。

知不足

知不足，是突破习惯意识的强大行为，是教与学的作用。

学，不是单纯的学习知识，而是学习自我所不足的能力，目的在于发挥和运用新的力量。知不足，往往是在发挥和运用之时，才知不足。

学的本身就是行动，然而没有力量半步难行，而且有力量不能发挥则难以实现妙用。古人说："虽有佳肴，弗食不知其旨也；虽有至道，弗学不知其善也。"（《礼记》）这是一个再一步的行动意识，它必然的在对抗中产生。那么，学是在群体之中的学，是在力量之中的学，因为它学的是力量，学习的是对抗。

教，不是纯粹的教育知识，更不是纯粹的教育品德，而是教育力量而自强，获得如铁如钢的意志。知识和品德只是自强的知识和品德，它们在艰难困苦中表现作用。《学记》曰："故学然后知不足，教然后知困。知不足，然后能自反也；知困，然后能自强也。"（《礼记》）不是学习而后知不足的，而是不足而后知学习的，因为群体是处于运动状态的，彼此之间的竞争时时刻刻都存在。只有不断地学习才有新的力量能力，同时也知道还有新的不足。这是力量的教育，同时也是自强的教育。

知不足，与知不知，具有同等的意义，只是知不知更加的主动。老子曰："知不知，尚矣；不知不知，病矣。圣人不病，以其病病。是以不病。"（《道德经》）人们的知识永远只是一定的知识，认识到此才能认识到不知道，认识到不知道标志着现在处于主动状态。知不足，与知不知，所知的都是力量，失去对力量的渴望则现在处于病态。当个体受现在的美好左右的时候，当个体受所知及其情感限制的时候，则就处于相对的静态，或者说病态。圣人以这样的状态为病，所以不病。

一些正直的品德，是需要学习和教育的，但不是脱离力量中心，而是向中心靠拢。如果品德教育，使人从心理上与力量体系不兼容，则适得其反。脱离力量则脱离群体，人失去的是资格，更可怕的是力量意识脱离了现实，只剩下一个纯粹的感知，人则失去自我。学习与教育是培养一个顽强的意志，其人不离不弃，形成一个整体的力量节奏。

于是，教是群教，学是群学。只有在群体中才能发现自我的不足，只有在力量运作中才能实现自我的不足。

孤陋寡闻

　　脱离群体脱离力量体系的个体行为，必然受自己的能力限制，更关键的是没有外来的动力。没有动力，其行为相对的处于静止状态，其人孤陋寡闻。

　　个体的能力是有限的，关键的是脱离了群体就脱离了压力，没有外来的压力则难以发挥潜能。《学记》曰："独学而无友，则孤陋寡闻。"（《礼记》）在没有外来推动力的情况下，学习只是学了一些知识，或者是一些良好的品德，而行动难以实现。

　　学，并不只是学一些知识学一些礼节，而是学习力量而实现行动，并且行动在先学习是后来的事。知识和礼节只是一个工具，不能运用和发挥则失去其意义。《学记》曰："玉不琢，不成器；人不学，不知道。"（《礼记》）这里的雕琢是群体的作用，群体是人的加工场所。人只有在群体中在行动中面对压力，在对抗中将自我发挥到极限而不停止，才为学。

　　孤陋寡闻的状态，就是处于停滞状态，并不是说你的知识多少，或者是否优秀。停滞状态有很多形式，人们会因为艰难险阻而停止不前，但更多的时候却是因为美好的东西而停止不前。老子曰："大道废，有仁义；智慧出，有大伪；六亲不和，有孝慈；国家昏乱，有忠臣。"（《道德经》）"仁义"、"智慧"、"孝慈"、"忠臣"，所表示的是美与好的东西，但它们绝不是目地，它们只是一种力量意志人性的形式，或者说是一定的知的认识。如果成为目的，则比艰难险阻更加险阻艰难，人们无法越过善良这道坎。

自然地意志是运动存在，而不是某一形式的目地，或者是某一个体一时的愿望，或者一时的美好的认识。一定的认识一定的愿望代表的是个体意志的形式，它只是自然意志特定的变化而不是目地，只有运动之道是一切的目地。个体意志脱离力量运动就是失道，不论是因为善还是因为恶，其现象是停滞不前。此时个体意志只是一个变化，它失去了运动性，那么必然面对的是消亡。

学与教是不分的，教同样的不只是教一些知识教一些良好的品德，更重要的是教一个力量意识，教一个行动能力。一切都在变化之中，学与教都是动态的，教育孩子不脱离力量中心，在对抗中实现自我，为教。教与学的自然现象是面对强者，而知不足。

那么，学，学的是对抗，教，教的是对抗。人在对抗之中，知不足。

先人后己

先人后己，不是单纯的让人于先。让人于先在于实现一个力量的秩序，这是把控整体行动的意识，是群体内在的意识。

群体行动是复杂多样的，然而整体的意识是统一的，彼此之间有序的展开行动，并形成个体行为的道德意识。先人后己，就是这个整体的超级意识，它实现的是对外行动。

群体是一个加工场所，它不只是加工人，还加工道德意识，而最终加工的是整体行动。子言之："君子之道，辟则坊与？坊，民之所不足者也。"（《礼记》）由个体到群体是需要组织加工的，这里加工的是个体所不具备的能力，实现的是对外的行动。其中礼仪道德，是持续行动的规则，而不是防范更不是限制，或者是一个纯粹的品德。

这里有一个内外之分，其界限是整体行动，没有这个行动则没有个体与群体的什么关系。子云："君子贵人贱己，先人而后己，则民作让。"（《礼记》）君子降低姿态是为了合作，实现一个新的力量意志；让人于先是为了建立一个新的秩序，其意义是实现力量运作。这是一个新的组合，并形成了一个内在的空间，而对外则是犀利和迅速。

个体与群体的有效结合，其作用是实现超级行动而融入自然，具体的现象是实现不停止。老子曰："天长地久，天地之所以能长且久者，以其不自生也，故能长生。是以圣人后其身而身先，外其身而身存，非以其

204

无私也，故能成其私。"（《道德经》）天长、地久，天地所以能长久存在，是因为它们不因为某个生命而停止，所以能长久。因此，有道的圣人后其身而建立运动机制，在运动之中实现自己。并不是圣人没有私欲，而是在运动之中实现不停止的私欲。

个体象征着私，群体象征着公；个体的生命是有限的，群体的生命是无限的。先人后己是对无限生命的人性的认识，个体在群体中获得无限的生命意义，那就是谦让。这一切的基础是实现自己的愿望，并创造新的愿望，并以此而建造群体运作的机制。圣人的意义就在于此，他运用个体的私欲而建立一个不停止的机制。

谦让是有限度的，其意义是进一步行动。生命个体之间相对的互动作用，创造了存在的知识，并以此而知识存在。自然获得了新的力量形式，那就是礼让的形式，或者说群体内在的形式，这是表现的新形式。

这里实现一个同一的节奏，确立的是力量秩序，奠定的是群体运作，而最终获得表现的是个体。

君子之交

君子之交，有礼有节。

礼节代表着威仪，君子之交实质是力量之交。力量的本能是发挥和运用，那么君子之交是有距离的，这是自我实现的距离。

子曰："君子和而不同，小人同而不和。"（《论语》）这里和的是力量，不同的是自我的作用。其中自有感情产生，这是新的力量所创造的动态的感情。彼此之间的不同创造了力量发挥的机制，你我的距离保持了持续运作，那么，其人则不止步于现在。

君子之间的关系不是人与人之间的关系，而是行动与行动之间的关系，它不为某一个体情感或某一事件而停止。子曰："君子周而不比，小人比而不周。"（《论语》）君子以力量的眼光看待事物，它突破了个体的局限性和一时一地的限制，所实现的是群体的运作行为。由个体到群体，力量焕发新的意义，其人则获得新的表现。

不为某一件事而停止，不为某一段感情而留恋，君子之交不在眼前。老子曰："持而盈之，不如其己；揣而锐之，不可常保。金玉满堂，莫之能守；富贵而骄，自遗其咎。功成身退，天之道也。"（《道德经》）就是说：执持盈满，就是停止；满足现状，锐势难以保持长久。金玉满堂，如果只想守护那是不可能的；如果获得富贵而骄傲，必然会留下祸根。一件事做得圆满了就要结束，以此开始新的事情则是天道规则。

在行动之中人与人之间的关系是次要关系，力量运作是第一关系。人与人之间的关系是情感是利益，力量运作的关系是发展是自然运动。庄子曰："君子之交淡若水，小人之交甘若醴；君子淡以亲，小人甘以绝。"（《庄子》）"淡"，不是无味，而是如水一样润物无声，创造酸甜苦辣；其中的"亲"是新，代表结束一件事情，从而去做新的事情。

这里有一个大的基础，那就是自然发展的大势，以此心相交则长久。以此心相交不在于形式，而在于力量运作，君子的眼光在于万千世界。

一切都变得不同，君子之交是世界之交。

生财有大道

生财之道，在于运用与发挥，而不在于发财本身。

建立一个运行机制，由利而义。这是一个教育与学习的过程，教育教育的是不停步，学习学习的是持续运作，其大义是开创一个运用与发挥的新的生活。

子曰："庶矣哉！"冉有曰："既庶矣，又何加焉？"曰："富之。"曰："既富矣，又何加焉？"曰"教之。"（《论语》）个人首先追求的是物质生活，社会也是从满足物质生活起步的，并且个人和社会都不止步于此。富裕以后追求更高的精神需求是自然现象，而教育则使个人需求合乎大道，那就是由利而义融入整体。

道德教化是建立在一定的物质基础上的，只是这个基础是动态的，而且是整体运作的。这个整体面对的是外在，那么道德教化的最终目的是外在而不是内在，是行动而不是平安。《大学》曰："生财有大道。生之者众，食之者寡，为之者疾，用之者舒，则财恒足矣。仁者以财发身，不仁者以身发财。"（《礼记》）由发财而实现更好的行动，是一个仁者的形象。财与身是相连的，财是基础身是目的，财与身最终统一到行动之中。"身"象征着行动，"财"象征着动能。这个行动由个体到群体，而形成一个社会，其人犹如蛟龙入海而获得更大的世界。

这里构成一个生财之道的大环境，但其意义不只在于此时此刻，其意义在于创造了又一个开始。子曰："富与贵，是人之所欲也。不以其道得之，不处也。"（《论语》）这是人性之道的开始，同时是一个动态的判断过程。在理智和欲望的抉择中，最终获得的是大义。群体的欲望就是大义，个体的生财之道只是基础，群体的运作是大道。以此认识个体欲望和群体欲望，其行动的品德就是仁德。

仁德是与行动相统一的，仁德虽然不代表行动，但它创造了一个必然行动的大环境。个体的人不是个体的，群体的意义也不是群体的，个体的人以行动融入群体，群体以实现个体的行动而实现运作。

那么，道德教化，教化的是生财有大道，而其实质是运用与发挥之道，即群体行动之道。

礼　器

礼器，以礼为器，以礼为工具。

人有了工具则发挥其力量，道德教化是其中的润滑剂。礼作为一种工具而组织力量，那么，人则拥有用之不竭的力量源泉。

"礼器，是故大备；大备，盛德也。"（《礼记》）礼的功用是完备力量，有了力量则实现行动，在行动中人则实现自我的形象。这里不只是有力量还有礼，就是说这里不只是有行动还有品德。其行动是群体行动，其品德是整体运作的品德，因而是盛德。

以礼为工具，人们不只是获得了力量，还获得了力量作用的人性的形式，那就是仁义道德。《礼器》曰："先王之立礼也，有本有文。忠信，礼之本也；义理，礼之文也。无本不立，无文不行。"（《礼记》）立本，立的是力量；行文，确立的是人性的表现形式。忠信，忠信的是力量的机制；义理，义理的是行动的秩序。合在一起，那就是仁义道德。

以礼而组织的力量是合力是群力，彼此之间结合的基础是信任，而信任来自于整体统一的行动。由此，忠信是相对于整体统一，义理是相对于对外的行动。"故经礼三百，曲礼三千，其致一也，未有入室而不由户者。"（《礼记》）这里的"室"是自然，或者说是自然运动，而"户"则是仁义道德，是行动的大门。

行动产生一切，在行动中产生仁义道德。没有行动则什么也没有，而

行动必然的是对外行动。仁义道德是自然生生之德，它是人性的门户，礼
则是这把门的钥匙。礼组织力量而创造一个开始，并确立其人性的形式，
于此同时还确立一个强大的行动之势。

　　以礼而行的人，由个体而群体获得了仁义道德，从而奠定迈步自然的
势能。"大备"，所大备的就是这个势能，这是面向未知的势能。

礼 乐

礼乐教化，教化的是力量文明。由力量表现而获得存在的意义就是礼乐，这里展现的是表现与和谐，是由行动而爆发的和谐。

礼是古人祭神的器皿，引申为祭神的宗教仪式，这个仪式祈求的是力量。而后泛指人类社会日常生活中的各种行为礼节，但其本身的行为意义不变。《说文解字》曰："礼，履也，所以事神致福也。从示从豊。"《乐记》曰："礼乐顺天地之诚，达神明之德，隆兴上下之神。"（《礼记》）

表面上看，礼乐是指各种礼节规范和音乐舞蹈，而实质是人们获得力量跨出了自我的一步。他敬天敬地敬父母，敬的是强大和力量及其传承，在其行动之中表达的是自我的情怀。这是创造行为，所面对的是未知。其行为创造了一个强大的人，还创造了礼乐教化。子曰："师，尔以为必铺几筵，升降酌献酬酢，然后谓之礼乎？尔以为必行缀兆，兴羽龠，作钟鼓，然后谓之乐乎？言而履之，礼也。行而乐之，乐也。"（《礼记》）礼不在礼的形式，乐不在乐的方式，礼乐在于其行动本身和所创造的情感意志。

圣人说的很清楚，言出必行就是礼，在行动中获得自我就是乐。礼是基础，礼组织力量而行动，人们表达其情感而乐。乐是行动之中的事，或者说是行动之后的事。不能为某一时某一事的情感而停下脚步，因为礼乐教化的核心是力量和责任，其中更重要的是一个传承。由先辈所传承的精神和意志是表现与发挥，自我的责任则承上启下，同样是表现与发挥。这里发挥的是力量，实现的是自我。只有自我获得实现，其品德与崇敬之意自然而生。《乐本》曰："凡音者，生于人心者也。乐者，通伦理者也。"（《礼记》）仁义道德生于人心，成于实现自我，一切都处于行动之中。

古人以玉礼神，行礼以玉，而其意义在履。履就是鞋，或者说践，或者说脚步，这是人在效仿自然而实现自我。在辈辈相承的脚步中，人所实践的是自然之神的旨意。人以礼而行，行的是自然大道，继承的是祖辈的精神和意志；其乐，乐的是生的情怀，抒发的是力量的强大。天地自然的秩序是动态的秩序，它只有一个方向，那就是创生。人秉承其自然意志而敬天敬地，事实上表现的是自己。

礼与乐是不分的，当礼使人自主的实现力量意志而抒发情怀的时候，则乐在其中。当个体以礼融入群体而获得自然无限的时候，则与天地同乐。礼是外在的力量修养，乐是内在的情感陶冶，内外双修所修的是完全发挥而持续表现。

那么，礼乐所创造的是行动，其礼是行动之中的力量机制，其乐是人在行动之中的声音。

祭　义

　　祭祀的意义，在于确认一个根源，确立一个行动的开始。

　　由原始的图腾崇拜，到祭天祭地而祭祖先，是一个不断强大的过程，也是一个自我觉醒的过程。人由认识具体的事和物，认识天地运行日月变化，进而确立了身在其中的我。由我而追溯到先人的足迹，获得的是传承。这是行动的传承力量的传承，其中自有必然的责任和义务，或者说是我的责任和义务。

　　祭祖是庄严肃穆的，每一位先人都是一个力量的存在，或者说是一个强大的表现。而现在，表现在我。《祭义》曰："孝子如执玉，如奉盈，洞洞属属然，如弗胜，如将失之。严威俨恪，非所以事亲也，成人之道也。"（《礼记》）孝子有深爱之情，这是自然的情感。祭祖的时候，恭敬认真，其礼仪威仪预示着重大的责任。这个重大的责任由深情而来，它的意义不在于先人的辉煌，而在于现在的行动。事亲以情，但不在于情感本身，而在于实现一个成人的行为意识，在于实现自我的表现。

　　通过祭祀人们感知自然确立自我，从而动态的认识那些身在变化之中而真实的存在。这是自然的生命形式，它象征着一个行动的自主。"故乐也者，动于内者也。礼也者，动于外者也。乐极和，礼极顺。"（《礼记》）从内到外所实现的是一个行动的自主，或者说力量。力量是祭祀的第一存在意义，发展是祭祀的第二存在意义。获得坚定的意志和力量，它的直接结果是行动。一切都在变化发展之中，包括自我在内，人们清楚地知道这一点。

祭祀的意义自然而然，其形式统一意志，而重要的是统一行动。人们追根溯源，由先人的强大而追溯到自然的神奇，所确立的是一个动态的根源。那就是自然运动，也就是现在的原动力。人们以自然赋予的情感方式去祭天祭地祭祖先，表示了现在的行动行为的确立，同时也是对未来的期许。

就像面对旷野引吭高歌，它首先打破相对的沉默，然后矗立一个新的意志。

昏 义

婚礼的意义，就是人性的自觉。

人自觉于本能的欲望而表现在群体之中，庄重的婚礼在于光明正大，但其意义不在本能欲望，而在于由此所创造的新的情感和意义。群体是动态的，那么人的自觉是不停步的，并由此自觉出人性世界。

人的欲望本能是天生的，且是生的本能需要。礼则赐予它们情感的意义，并以情感意志的方式实现它们。《昏义》曰："是以昏礼纳采、问名、纳吉，纳征、请期，皆主人筵几于庙，而拜迎于门外，入，揖让而升，听命于庙，所以敬慎重正昏礼也。"（《礼记》）婚嫁之礼都非常隆重，表现了美好的心意，自然意志以情感的方式获得实现。

结两家之好，传宗接代以续后世，本能的欲望成了基础。在此基础上，礼组织力量实现个体到群体的运作机制。礼的意义就在于"夫礼始于冠，本于昏，重于丧祭，尊于朝聘，和于射乡，此礼之大体也。"（《礼记》）"礼之大体"成就的是一个人，它面对的是外在，自觉的是力量意识。此时，一个人是个体的，他以其作用而融入群体。彼此之间的情感是作用出来的，而不是固有的，一切都处于动态之中。

婚礼的意义在于从本能之中觉醒出一个我，并由此开始一个独立之旅。由成人礼、婚礼、祭礼到天下国家，所实现的是一个力量个体的单元。必然的责任和义务要独自担当和面对，其情其感真实而自我。亲情构

216

成行动的基础，自我的旅程反过来使这份情感珍贵而辉煌。

一份礼、一个个礼节，代表的是一份情感、一个个美好的祝愿，原始野蛮的本能被踩在脚下。一切变得那么的不同而特别，你与她成为此时的唯一。

儒行中正

读书人学的是力量，掌握的是知识，其情感意志是爆发。

爆发的行为是直截了当的行为，其人做事简洁直至核心。简洁效率意味着强大，那么儒行就是强大的力量行为，意味着最短最快最直接。

有力量则处事从容，礼仪天成，其威严自生。《儒行》曰："儒有居处齐难，其坐起恭敬，言必先信，行必中正。"（《礼记》）就是说：读书人不讲究居室的奢华，日常起居都很恭敬谦让，他言出必行，行动必然直指核心。

儒的含义就是力量运作，没有具体的形式，其人也没有特定的服饰，而是随机应变应时而发。《儒行》曰："儒有衣冠中，动作慎。其大让如慢，小让如伪；大则如威，小则如愧。其难进而易退也，粥粥如无能也。其容貌有如此者。"（《礼记》）就是说：读书人往往穿戴适中，行动做事从不过分。遇大事不受影响而从容不迫，遇见小事却不轻易放过；对待大事展示威仪，对待小事则很细致。他知难而进先把容易的事情做一个结束，轻松优雅的做事方式好像没有费多大能力。事实上，他的形象是力量的形象。

儒者表面看有诗礼风度，为人亲和友善，而实质上这是力量的修养。有待无恐时刻准备着行动，或者时刻处于行动之中，其行动自有相应的品德和风范。《儒行》曰："举贤而容众，毁方而瓦全。其宽裕有如此者。

儒有内称不避亲，外举不辟怨。"（《礼记》）就是说：儒者知书达理而掌握大局，引荐人才，对内不避亲属，对外不避怨恨的人。这不只是道德品德，这是力量强大的品德和风范。

儒者伺机而动，胸怀天下，其强大稳健的力量行为，所表现的是优雅。儒行就是光明正大的力量之行，其修养有两重性，即不灰心丧志不得意忘形，因为从来没有停止过。整合在一起是顽强的意志和强大的行动能力，其强大的本质敬重的是力量，因而有上尊下慈的美德。

那么，儒者，就是力量之行者。礼仪只是他的风范，强大才是他的品德。

第九章　亲情的运动概念

　　亲情是自然的情感，它是继承与发展的环节，同时是自然运动的概念。亲情产生于家里，但它表现于外在，由家里所付出的是一个力量的人。人在亲情的关爱中长大，他表现于社会，承担力量自然的责任。

孝

孝的概念，有三层含义。

孝经曰："夫孝，始于事亲，中于事君，终于立身。"（《孝经》）

亲情只是一个开始，它实现一个新的力量形式，最终实现自我于外在。一切都在行动之中体现，同时体现力量的新形式，它预示着一个情感机制的确立。在行动之中承上启下，将亲情化作力量，则就是孝。那么，孝的意义是亲情自然。

祖辈的力量，在我辈的手中，发挥到一个新的领域，则顺；抒发其情感，表现其强大的作用，则孝；一代比一代强，则就是孝顺。它是向外运作的，并不只是侍奉于父母身边听父母的话。事实上每一个人都要长大的，他必然地要走出家门而实现自我。那么，孝顺的意义是对外的。这是一个整体的运作机制，其中，继承父母的意志而实现自我则顺。这里继承的是精神，发展的是力量意志。

舜帝继往开来，预示着一个超级的传承，其实质是实现一个人与家庭与社会的动态关系。这个关系是向前的，家庭是开始，社会是场所，而个人则是一个力量表现。在家里孝顺父母，在社会上承担重任，获得"立身"就是孝。孟子曰："不得乎亲，不可以为人。不顺乎亲，不可以为子。舜尽事亲之道，而瞽瞍底豫。瞽瞍底豫，而天下化。瞽瞍底豫，而天下之为父子者定。此之谓大孝。"（《孟子》）人的存在以孝开始，这是

222

一个明确而真实的意义，亲情确立的是人性的力量世界。

　　养儿方知父母恩，只有认识到父母的恩情才能摆正自己的位置，这是情感意识的觉醒。人往高处走，水往低处流，这就是一个人力量自然的位置，其情感意识的觉醒觉醒的就是这个位置。开创情感的力量形式，则确立一个超级的动力机制。其中的情感是表现的情感，是运用与发挥的情感，而最终的情感是力量的情感。

　　敬爱父母为父母养老送终这是自然的责任，父母之爱子女之爱，都是同一个爱。其只有一个方向，那就是向前。只有在发展中实现爱才是真孝，为某一时某一事而停下来，让亲情脱离力量自然，是不孝。

　　情感的力量形式实现了人的形象，并开创了人世间。这里不只是有生老病死伤感喜悦的情怀，这里还有力量意志的情怀，人世间是超级力量的表现场所。

孝　道

孝道，是一个再认识而突破之道。再认识，认识的是自己，突破的是先人的辉煌。

站在先人的足迹之上，展望未来。上承祖先的精神和意志，下承力量作用礼的行为，其一代比一代强，则是孝顺。子曰："夫孝，天之经也，地之义也，民之行也。"（《孝经》）这是顺应自然，由亲情开始人们发挥的是自我，但行的是自然大道。

继承与发展就是孝道，其实质是发挥自我而实现运动之道。那么继承者与被继承者处于什么状态呢？继承者不是为了继承而存在，被继承者也不是为了被继承而存在，他们都是一个自我意志的存在，尽管其方式是情感方式。子曰："武王，周公，其达孝矣乎！夫孝者，善继人之志，善述人之事者也。"（《礼记》）这就是情感方式，它是对力量的持续运用，但表现的是自我。

这是一个对外的行为，并以其对外的作用而调整内在的秩序，那就是继承与被继承的统一。没有外在的行动，则一切都不存在。同样，兄弟也不是纯粹的兄弟，兄弟之间是动态的，其情感亦是动态的。在动态中创造彼此情感的辉煌，就是孝悌。《史记》曰："举八元，使布五教于四方，父义，母慈，兄友，弟恭，子孝，内平外成。"彼此双方是相对的，并不是单方面的尊重顺从，内在的统一和顺，其核心意义是要成于外。

孔子即凡而圣，就在于他一生都致力于建立这样的力量机制。这是承上启下的力量机制，人性情感所奠定的是力量文明，它是超级的力量形态。或谓孔子曰："子奚不为政？"子曰："《书》云：'孝乎？惟孝，友于兄弟，施于有政。'是亦为政，奚其为为政？"（《论语》）拥有力量再认识情感，从而友于兄弟，则使力量组合获得生命意义。以这样的精神作为政治的基础，就是孝政。

还报父母的爱以及兄弟姐妹之间的友爱，它的意义是构建力量的秩序，发挥新的作用。兄弟友爱不是纯粹的情感，而是实现合力，彼此之间是力量的。兄弟只有踏出家门才是兄弟，否则只是内讧窝里斗，何谈兄弟情感？在这里事实上成就了一种距离，是力量与力量之间的距离，或者是惺惺相惜，它保持彼此的作用而实现了一个整体的运作状态。

孝道也是有距离的，这是发挥力量抒发情感的距离，获得力量获得自我的情感才能长久。兄弟之间的行为是亲兄弟明算账，保持了距离实现了独立，其实质是再合作。由此，孝道，还是自主之道。

亲　情

亲情，犹如蜜。但它的意义不在家人之间亲人之间，而是在外。

家人之间亲人之间，只是构成一个成长的基础，关爱与呵护孝敬与孝顺只是夯实基础。亲情的意义在外面，每一个人都是一个力量的存在，他必然地要表现自己，这一点不为亲情的意志而改变。

父母疼爱儿女，但不能时时刻刻让他停在身边，同样的，儿女孝顺父母也不能时时刻刻停在父母身边。彼此的意义很明显，一切都在于自己的表现，谁也不能代替谁。尽管这是一个相互依存的组合，相互的爱牢不可破，但个体情感终将要突破而出。

只有面对自我的生活，才有真正的情感。并不是父母、兄弟姐妹都不重要了，而是更加的真实和完美，因为他们都动了起来。诗曰："知我者，谓我心忧，不知我者，谓我何求。"（《诗经》）所谓打断骨头连着筋，亲情是永远隔断不了的，但是可以觉醒。只有觉醒亲情伦理，回归力量自然，才真实。亲情的意义在于个体情感的强大，在于从家里走出一个强大的人。

个体的情感是自然的情感，是力量强大的情感，亲情同样是。所不同的是，亲情是基础，个体情感是表现。如果亲情只停留在家里，或者只是一个情分；如果亲情只停留在父母对孩子多关心一点，孩子对父母多孝顺一点；如果不能实现彼此个体的力量意志，那么亲情则失去其自然意义。

亲人之间浓浓的情感那是爱，但不能因为爱失去彼此。爱也是需要距离的，这是善的理智；其距离是力量作用的距离，这是自然的理智。由个体情感觉醒的是力量意识，以及一个看向远方的眼光。

只有实现个体情感才自然，由此，亲情灿烂而辉煌。

善的名分

好、美、善良，都是善的观念，然而是动态的观念，不能停下来或者静止出一个善的观念。

由善的观念产生不同的人和事，并相应的具有各自的责任与名分。彼此的作用构成向善的体系，其名分是善的名分。总体的名分是家，相应的名分构成其自然运作的体系。爷爷奶奶、父亲母亲、兄弟姐妹，还有我，以及儿孙，都以其不同的责任而确立不同的名分。这是一个对外行动的机制，其名分在于力量运作而突破现在，突破而后为善。

说一个人善良，并不是指这个人的品德，而是这个人强大的行动能力所具有的品德。好与美同样如此，好人并不是人好，而是使人好；美是动态美，羊大为美。每个人都有自己的位置和责任，一切都处于动态之中，美好的愿望是发展之中的愿望。那么，善，在于现在的行动。子曰："工欲善其事，必先利其器。"（《论语》）这里善的是事，善的是行动，那么，善的名分就是行动的利器。

家的概念各个亲人的概念，不只是一个称呼，它们对应的是行动的责任。每个人都是独立的人，每个人都是力量的人，由此，认识善与人为善，实现的是人性情感强大的动力机制。这里实现的是继承与发展，是再一次爆发，最终实现的是自我。人性情感奠定力量文明的基础，那么与人为善不是助人为乐，而是生的自然，表现的是礼义廉耻。其时，礼是行动之礼，义是行动之义，廉是行动之廉，耻是非行动之耻。礼义廉耻就是人性情感的利器，它们展现的是超级的力量形态。

与人为善，让人行动起来实现自我，则为善。这是行动的品德，美丑善恶展现了这种品德，在美与丑之间善与恶之间构成了人性的力量世界。老子曰："天下皆知美之为美，斯恶矣；皆知善之为善，斯不善已。"（《道德经》）美与恶，善与不善，是相对之中的事，是人在行动之中所创造的事。强大为美，衰弱为恶；发展为善，停滞为不善。其中知善知恶而知礼义廉耻，是人性情感的自然表达。

礼义廉耻所激发的是强大的力量行为，或者说美或者说善，它们使人行动。人本身就处于动态之中，那么再行动是必然的。于是，由善的名分，创造了一个再行动的平台，这个平台就是家。其整体的力量意志实现的是个体的不同的轨迹，就是说是个体突破整体的轨迹，而其实质是实现一个面向自然无限的轨迹。

善，是动态的存在；善的名分，是动态的机制。善的名分确立了行动，所实现的是彼此的表现。而在彼此的表现中，实现的是善，并以其责任和义务统一于行动之中。

家

家，就是父母，就是爱。

父母不只是有爱，还有力量；孩子不只是有情感，还有意志。一切都那么自然，彼此相承，相承的是力量文明。家在这里创造了一个开始，还创造了一份放眼天下的情怀，一个面向外在的意识。

《大学》曰："物格而后知至，知至而后意诚，意诚而后心正，心正而后身修，身修而后家齐，家齐而后治国，治国而后天下平。"（《礼记》）一个人必须有知识、顽强的意志和强大的心理素质，这些都不是与身居来的，必修通过锻炼与学习才能获得。家就是这样的一个加工场所，在这里加工的是力量，对外输出的是人。

人们常说回家，其感情溢于言表，然而回家是获得力量而行动。家是一个加工厂，它加工的不是情感而是力量的情感形式，最终创造的是人。知识、性情，还有人心，更重要的是这些素质是力量的素质，其意义是发挥与表现。顽强的意志、强大的能力，发挥的是仁义，表现于天下国家。其中，父母的爱是动态的，是行动之中的；子女的爱与父母的爱是同一个爱，那就是发展与进步之爱。于是，家实现了一个自然运动的单元。

家代表的是情感，父母则具体代表一份心意，然而浓浓的心意不在情感本身，而在于力量文明。一个人不只是有力量还拥有素质，那就是表现自我于群体之中的品德，这就是力量文明。由个体而群体实现社会运作，

230

个体人则实现超我的力量表现。这里缔造了一个人的圣地，人的形象是力量文明，亲情与责任奠定其真实的基础。

情感弥足珍贵，产生于家庭，而其意义则在家庭之外，它属于自然运动。在这里，亲情是发展之情而不是顺从，是继承发扬父母的精神和意志实现自我而行动，而不是受情感限制失去彼此。家的方向是自我是未来，而不是父母或者是先人的辉煌。

家只是一个起步点，它不是归属地，回家只是一个整修，其意义在于飞翔。

家 国

由情感统一力量统一行动，形成整体的力量意志，就是家国。

这是一个对外的力量行为，其不同的是内在的是人性情感的真实。这是人的力量，而不是某个神的力量，也不是本能的欲望，而是美好的愿望。由情感结构实现力量运作，意味着由亲情而获得了力量文明。

国家的含义及根本属性是各方矛盾不可调和的产物，这完全是利益所趋，是本能存在。家国则超越其本能存在，其情感和礼仪而构成的力量机制标志着一个大家，即运动之家。个体利益和整体利益在发展之中合一，人的强大形象获得表现。象曰："正家而乏下定矣。"（《易经》）这里定的是力量文明，其意是天下文明。

一切都在变化之中，家国的含义是运动而不是某一具体的存在。在家里创造了力量，还创造了情感和礼仪。一个力量只是一个变化，而情感和礼仪则使力量持续作用，在变化之上实现运动。古人说："立爱惟亲，立敬惟长。始于家邦，终于四海。"（《尚书》）亲与长，喻示的是表率行动，其行动本身突破现在。由家开始，所面对的是四面八方，自然无限而行动无限。其人力量意志，豪情满怀。

家是一个运动单元，家国同样是一个运动单元。子曰："君君，臣臣，父父，子子。"其意义就在于此。家里有情感、礼仪、力量，由此三者而行，则天下为家。国家是各方力量竞相表现的平台，家国则赐予这个平台一个文明的光环。

礼在其中组合各方力量，人们激情意志而剑指天下。

运动之家

父母兄弟，婆媳妯娌，都是一个动态的个体，各自具有自我的欲望和意志。

由此构成的家是动态的，彼此的关系是共同发展的关系，其中责任与义务相对应，各个角色都自然的要实现自我。实现自我必然地要发展现在这个家，就是说代表情感的孝是运动存在的，其家也是运动存在的。

家，这个字，本身的含义就是积聚力量。《说文解字》上说："古之家字从宀从豕；凡祭，士以羊豕，古者庶士庶人无庙，陈豕于屋下也。"猪羊，象征着财富，而财富就是力量。财富和力量放之于屋下就是圈养，目的是为了祭祀祖先而获得先人的精神和意志，而真实的意义是积聚力量而爆发。这里爆发的不是财富，而是人。

一切都是一个力量自然的作用，它突破现在而表现自我。其力量本能的行为意志表现的是自然，然而爆发而突破的感知却是自我的，它实现了仁爱。子曰："弟子入则孝，出则弟，谨而信，泛爱众，而亲仁。"（《论语》）仁爱确立了存在的情感意义，而实质是突破了本能的情感意义。这个突破的情感就是孝，它突破的是现在的情感实现的是自我。孝、弟、信、亲仁，表现的是一个持续的意志，那就是存在的情感，突破而生的情感。这里首先突破的是家，然后突破自我现在的情感，而实现运动之家。

234

家就是这个自我实现的场所，它面对的是自然无限，而突破的是其本身。其中各个角色以自我意志而走在一起，家由这个意志而建立而不是家去建立这个意志。各个成员的关系是向外发展的关系，而不是为了这个家而建立的某个关系；各个成员之间保持着一个动态的距离，这是表现与发挥的距离。个体的作用，预示着这个家运动的作用。

封建教育将家教育成目的地，彼此的关系只是向内的关系。当这个家失去向外发展的能力和意志的时候，则家已失去其自然意义。父母兄弟，婆媳妯娌，彼此的关系是矛盾的关系，而不是力量的关系。各个成员之间受限于这个家，彼此善良的牵制而不能表现自我，于此，家成了最后一站。

运动的关系是彼此表现的关系，获得彼此表现的空间才能运作。个体之间的空间和距离是力量作用的距离，只有在彼此表现之中才合一。

慈　母

母亲，是一个慈祥的感念，是一个伟大的概念，然而还是一个强大的概念。

每个人心中都含着这样一份自然的情感，那就是对母亲的爱。离家远行时母亲含泪的眼光始终藏在心间，成功时是勉励，失败时是鼓励。

每个孩子都要长大的，这份情感必然地要面对离别，母亲的强大就在于此，她亲手送孩子远行。诗曰："慈母手中线，游子身上衣。临行密密缝，意恐迟迟归。谁言寸草心，报得三春晖。"（《游子吟》）行动是必然的，回报也是必然的，这个回报就是行动本身。有行动则有距离，有距离则真实。这是成长的距离，同时是创造新的情感的距离。

纯粹的情感并不能代表母亲，母亲同样是一个人，是自然运动存在的一分子，它具有个体自我的独立性。就是说母亲的概念不是静态的，她的伟大在于其完全无私的情感，然而，这个情感不应成为唯一。当这个情感成为唯一的时候，则母子关系成为一种固态的关系，彼此都失去了独立性。个人的需要以爱的名义表达，要求与牵制成了权力，自然的感情成了一种束博。当母子之间缺少距离的时候，爱，成了"暴力"。

"我这是为你好"，大人往往这样说，不经意之间事实上是在为别人做主。在母亲的眼里，儿女始终都是孩子，永远也没有长大，那份情感是挚真的无与伦比的。然而，儿女早已长大，一个时期有一个时期的意义和行为，他们应为自己负责。《大学》曰："故好而知其恶，恶而知其美者，天下鲜矣。故谚有之曰：人莫知其子之恶，莫知其苗之硕。"（《礼记》）在家里难以知道孩子的大小，也难以知好知恶，这是亲情使然。个体的成长只有放之于群体，放之于社会，在风雨之中对抗才真实。

这是一个必然的过程，自我意识的觉醒是第一步。一个人必然要独立面对生活，这一天越早越好。从独立面对学习开始，这是亲情的第一责任，是亲情自我胜利的第一步。亲情只是一个基础，其情感只有获得力量自然才真实，母亲要明白从这个情感走出来才自然。作为子女，尽早地获得自我意识才是学习的开始，同时是学习本身。

作为母亲应从这个情感中解放出来，同时解放的还有儿女。彼此做主自己的情感，实现的是双赢。母亲不只是拥有儿女，她还应该拥有她自己，那就是社会活动。母亲的伟大在于放心，那就是使儿女获得独立性获得自我意识，有力量而尽早地实现自己。

总是为儿女着想，这是真情自然，但这份情感不能是无限的，母亲还要找回自己。拥有自己的生活，才自然。

严 父

　　父亲，是一个力量意识，他突破一切而开创新的世界。

　　这是一切的基础，没有突破则没有情感，没有新的意义则没有生活。严父的形象出于亲情，然而面对的是更广阔的世界。这不是一个礼的形象，也不是一个尊敬的问题，而是一个力量意识，是一个在对抗之中实现自我的问题。

　　自然是力量自然，人行走于自然之中所表现的是力量，其为人的气概是拼搏出来的。力量代表着自然，情感代表着人的意志，获得力量且获得自我的意志，则获得为人的气概。孟子曰："居天下之广居，立天下之正位，行天下之大道。"（《孟子》）这不只是力量行为，这还是仁义行为，是一个人行走于天下的气概。对力量的臣服和乞求不是人的形式，也不是情感的范围。服从和追随是自然力量的本能意志，强存弱食唯此一途。然而人类有所不同，他以情感的方式实现力量意志，而在于更强更大。

　　世界上最伟大的力量是创新的力量，那么父亲就是这个力量，他创新存在。"汤之《盘铭》曰：'苟日新，日日新，又日新。'《康诰》曰：'作新民。'《诗》曰：'周虽旧邦，其命维新。'是故君子无所不用其极。"（《礼记》）每一天都是新的一天，存在以新的意义而定，自我以突破而创新的行为而定。时时刻刻都将自己所掌握的知识发挥到极限，以企突破创造一个先机，这就是力量意识。获得一份新的意义，就是获得一个先机。

力量意识奠定了这一切的真实，这是动态的真实。父亲确立了一个面向外在的眼光，一切从这里开始。孟子曰："故天将降大任于斯人也，必先苦其心志，劳其筋骨，饿其体肤，空乏其心，行拂乱其所为，所以动心忍性，曾益其所不能。"（《孟子》）增加自己所没有的能力，是做人的基础。锻炼体魄锻炼心性，动心而忍性，这是力量教育，他教育的是行动能力。

这个能力创造情感，而不是情感本身能够代表什么。情感是创造出来的，这是一个动态的过程。一切都在变化之中，情感就是突破现在而面向外在的情感。

这就是父亲严厉的情感，它的职责是，打造一个力量，睁开一双眼睛。

儿 女

儿女，不是某个家的儿女，而是由某个家而开始表现的社会人。

孝与顺，核心的意义并不是顺从父母，而是延续父母所传承的力量意志，而表现于新的世界。一代比一代强，则为顺，同时为孝。

每个人都是父母的儿女，不能因为这个身份和其自然的情分而有所改变，这个身份和这个情分就是传承。那么儿女是父母的儿女，同时儿女又不是父母的儿女。每一个人自我实现的愿望是一样的，自我需要尽的义务也是一样的，而其核心是实现自我。

儿女的自然意义是创造，其本身的意义是表现。一个是被创造，一个是自我创造，其中上下相承的是自然运动。每个人都是运动中的一员，自然生生之德是其表现的品德。《孝经》曰："身体发肤，受之父母，不敢毁伤，孝之始也。立身行道，扬名于后世，以显父母，孝之终也。"就是说：自我的身体既就是一根头发也是创造之中的存在，不可毁伤限制无视它，而是发挥表现作用它。明白了这一点也就明白了孝的自然意义，孝的意义不在于听话、不做坏事、更好的照顾父母的表面含义，而在于继承创新表现。

在家里孝顺父母，但学习的是力量，获得的是力量意识。走出家门，睁开双眼，实践的是力量文明，获得的是天下。孟子曰："富贵不能淫，贫贱不能移，威武不能屈，此之谓大丈夫。"（《孟子》）不受富贵所限

由仁义而行

制，不受贫贱所影响，不受威武所阻碍，表达的是战斗的意志，其人则是大丈夫。这是力量自然，其不屈不挠的大丈夫行为才是孝顺儿女的行为。其时，实现自我的同时，彰显的是父母。

力量自然则情感自然，发挥自我则自然，孝的意义就是实现这个自然。每一个儿女同时也是一个父母，在实现自我之时承上启下。角色由儿女而转换成父母，其发挥表现作用的情怀不变。儿时的眷恋，成人时的激情，老来时的寂寞，统一于这个情怀。其间自有伤感孤凄，甚至有距离，然而这是自我实现的距离。

人说，"儿孙自有儿孙福"，事实上，自我也有自我的福，如此，才是自然。

兄　弟

兄弟，只有踏出家门才是兄弟。

如果没有对外的行动，兄弟只是待在一个家里，那么彼此之间就不是兄弟关系，而是对手。彼此的需求和矛盾是不可能静下来化解的，因为这个需求和矛盾是发展的需求和矛盾，只有向外走才能解决。

兄弟之间的情感是自然的情感，但兄弟之间的关系却不是情感的关系，而是力量的关系，情感只是一个基础。《书》云："孝乎？惟孝，友于兄弟，施于有政。"（《论语》）兄弟之间的友谊是行动的友谊，而不是坐在家里的友谊。每一个兄弟都是一个独立的人，力量意志是其自然的形象，兄弟友爱在于共同行动建立力量机制。

兄弟的概念不只是指情感，由开创共同的行为而泛指有力量的人。志同道合的人是兄弟，而相互竞争的人同样是兄弟，力量在对抗之中成长。子夏曰："君子敬而无失，与人恭而有礼，四海之内，皆兄弟也。"（《论语》）君子敬重力量对待所做的事情全力以赴，为人有礼从而组合新的力量，他的脚步踏向四面八方。这是力量行为，每个人首先都是力量的人，而后才是兄弟。

兄弟的关系是对抗的关系，因为在对抗之中产生新的情感产生新的力量，而新的力量面对的是新的世界。此时，兄弟的概念突破了亲情的范围，力量的观念突破了家的范畴，其人则突破了自我的行为。四海是无限的，行走四海则面对不同的人和事，其行为也是无限的。

很多年来我们被人评论为一盘散沙，那是因为我们待在家里没有行动的原因，我们丢失的不仅仅是兄弟之情，而是整个世界。

窝里斗只能是一种悲剧，内讧消耗的是自己。只有走出家门在新的战场中，兄弟才是兄弟。

儿　媳

儿媳，就是新人，她预示着家向前运动了一步。

这是自然的脚步，新人带来的是新的气象，新的气运。人们张灯结彩迎娶新人，美好的祝愿希冀的是未来，而其实质是自然运动的新的形势。

出嫁，犹如回归。这里回归的是自己的人生，回归的是自己的家，回归的是自然运动。儿子长大要成家，女子长大要出嫁，这是自然运动。诗曰："桃之夭夭，灼灼其华。子之于归，宜其室家。桃之夭夭，有蕡其实。子之于归，宜其家室。桃之夭夭，其叶蓁蓁。子之于归，宜其家人。"（《诗经》）出嫁前，在父母的家里，只是一个孩子；出嫁后，在自己的家里，已是一个成人。其中的区别只有一点，那就是学习和运用的区别，长大和行走的区别，发挥和自主的区别。自然的情感是运动的情感，和美、幸福、快乐，是运动的快乐。

踏着自然的节拍，家的运作创造了人以及人的行动。其中有情感，有力量，还有自我意志，三者组成这个整体的基础，而行动主导一切。儿媳同样是一个母亲，她的自我意志是自然运动存在的本能，自然的意志不以情感而转移，或者停下脚步而照顾某一人。一个媳妇熬成婆，是很不情感的，这往往是婆婆老了以后的事。

儿媳是与儿子结合而进入这个家庭的，她对公婆是有必然的义务，然而彼此的感情是需要培养的，并且还需要一定的距离。因为这个关系是运动的关系，只有获得自我的空间才能运作，这不只是体现在礼节上，更重要的是自我做主。每个人在家里都有一个相应的身份，但这是不同力量作用的身份。此时，相应的礼节，协调各方，或者说彼此的作用，组合新的力量。

透过浓浓的亲情来理解情感，情感是由力量而运作的情感。儿媳本身的位置就象征着这份情感，她是自然的开枝散叶，其必然地要实现自我意志，或者说自然地意志主导一切。

那么，距离产生美。

贤 孙

孙子孙女，是爷爷奶奶的情感寄托，但更是一个自然人。

准确地说孙辈是新一代力量的存在，祖孙意味着世袭，这里世袭的是力量，还有代代相承的人文情感。孙子孙女肩负着继承与发展的新环节，和奉天承运而运动存在的责任，其力量意识的觉醒是关键。

力量意识的觉醒在于贤，有力量还要有品德，有力量还要能创造新的情感，这就是贤。子曰："见贤思齐焉。见不贤而内自省也。"（《论语》）对力量的认识在于行动能力，看见别人的长处就要赶上，看见别人的短处就要纠正自己，这是在行动之中的思考。贤孙预示着一个亲情教育，预示着从家里走出的人，他有亲情的一面也有铁血的一面。

从家里走出的人，有亲情的一面也有铁血的一面，其有情有义的行为，就是仁义。仁，就是人，就是人的行为，情感与力量合二为一。家就是仁，它创造的是情感与力量合二为一的行为，所实现的是真情自然。孟子曰："虽孝子慈孙，百世不能改也。"（《孟子》）一个力量的作用只是一个变化，它必然面对的是消亡，而情感与力量合一则实现运动。家创造的就是这样的人，它有情感的教育还有力量的教育，其所实现的是运动。

隔代亲，其感情是超然的纯粹的，甚至超过了各种传统的礼节，很多爷爷以为孙子当马骑而成为经典。一个家因为祖孙同堂而其乐融融，孙子成了小皇帝，他在关爱与哈护中长大。然而其关系不是这样的，善的教育诚信的教育只是教育出一个好人，而力量教育完全被忽视了。祖孙关系是持续行动的关系，是力量接续的关系。很多爷爷奶奶送孙子上学，放学后又接孙子回家，其目的只有一个，害怕被别人欺负。事实上，善的教育诚信的教育是针对于一个有力量的人的，而一个没有力量的人当如何教育呢？

一个没有力量的人，应该教育的是力量，还有力量意识的觉醒。力量意识的觉醒，标志着一个人获得责任和义务，此时觉醒的是人。然而爷爷奶奶的爱护却使这个觉醒推迟再推迟，其现象是一代不如一代。

力量意识的觉醒，还是情感意识的觉醒。情感意识的觉醒，觉醒的是力量行为，进而觉醒的是伦理。

祖孙三代是一伦，其意义是在孙子一辈爆发，而不是在孙子一辈沉没。

婆媳关系

　　婆媳关系，是一个整体运作的关系，同时是一个权力自主的问题。一个家就是一个整体，它不只是有情感，它还需要运营。

　　每个女人都想过自己的日子，这没有什么话可说，而责任与义务也同时存在。人人都是有血有肉的，然而在运营之中则复杂化了。诗曰："三日入厨下，洗手作羹汤。未谙姑食性，先遣小姑尝。"（《新嫁娘》）新人的加入必然带来新的需求，自然的情感逐渐让位于权力之争，这是自主之争。

　　这不仅仅是一个有没有情感的问题，而是一个有没有距离的问题，或者说情感能不能觉醒的问题。儿子不是母亲私有的，不论是在家里还是在家外，他都应该拥有自己的生活，母亲应从这个情感中走出来。同时，家的整体运作需要一个机制，而纯粹的情感事实上阻碍这个机制。亲人之间碍于情面，个体意志难以实现，在一定的程度整体运作受到限制。但是自然的脚步是永不停止的，分家虽然伤感却难以避免，最终伤害的是感情。分家使个体面对自我，从自然的角度看，事实上获得的是真感情。

　　当母亲将一切都给了儿子而自己一无所有的时候，当儿子孝顺父母而忘掉自我的时候，则自然的情感不存在。情感失去了表现的主体，而止步于家里。此时，婆媳关系纠结在一起，情感成了主要问题。有好多家庭，有相当比例的家庭，父母为儿子们成家立业，到老时，家已成为各个媳妇的家。

这是千年来都有的现象，其实质只是一个距离问题和一个情感觉醒的问题。情感是自然运动的情感，只有获得自主性才自然。人人都应该有独立的情感空间，儿子是这样，母亲同样是这样。

媳妇也是一个母亲，认清自己的位置是关键。

祖　业

祖业，是一个发挥和运用的体系，而不只是一份财产。

分与不分，并不能代表什么，这里的关键是继承与发展。如果每个儿子都认为分到祖业是理所应当的事，那么祖业就只能是一个蛋糕了，这也是富不过三代的根本原因。一个人的眼光是向外看的，他看到的应是新的东西。

富不过三代表现了一个认识问题和教育问题，人们没有把儿子孙子看成是一个力量的存在，而是把他们看成一种天伦之乐。这种天伦之乐追求的是现在的情感，而不是行动的情感，现有的东西往往障碍了再一次行动的意识。然而自然大道却不是这样的，它不受某一时某一事的影响，刚强稳健而不止步。象曰："终日乾乾，反复道也。"（《易经》）勤奋不休，在于形成新的力量意志。这是面对挑战的行为，每一天都是新的一天，每一天都有新的挑战，只有反复不断的突破自己才是自然大道。其中自有情感，而且每一天都有新的情感产生。

如果财富只是在培养一个情感，那只是一个私有的情感，只能实现一个自我的王朝，当这个王朝失去顶梁柱的时候，则很快没落。人们只是感情的想给孩子一个好的环境，希望他舒服一点，好健康的成长，但是却忽略了对抗。在更多的关爱中成长的孩子，难以形成自我的力量感，更难以形成对抗之中的个人品德。真正的情感是有限度的，并不是为孩子做好多事就表达了情感，让孩子实现自我才是真情感。

　　财富象征着成功，然而每一天都是新的一天，假如说止步不前的话，财富只是昨天的成功。《系辞上》曰："富有之谓大业，日新之谓盛德。"（《易经》）大业是动态的，其盛德在于日新月异，而其核心在于人，在于他所看到的新的东西。

　　祖业象征着传承，它的含义是发挥和运用，那么力量教育是关键。

天伦之乐

天伦之乐，面向的是自然无限，而不在于含孙弄乳。

这是一个动态的快乐，或者说是行动中的快乐。其中有一个整体，还有各个不同的个体，彼此都处于动态中。

爷爷奶奶、儿子媳妇、孙子孙女，构成一个自然的天伦。这不是循环，这是单向的自然运动，每一个人都必然地踏着自然运动的节拍而行。其中的爱是相互的，正是彼此的爱创造了这个整体，这个整体就是家。那么，天伦由血链亲情开始，却不局限于血链亲情，它面向的是自然无限。所乐的是自然大道，所乐的是继承与发展。

家由爱构成，但其彼此的爱不同。每一个个体都有双重身份，一个身份是家人，一个身份是社会人。两种身份是互动的，但其发展却是单向的，那就是由其家人开始而成就于社会。其爱也是双重的，同样是单向的，那就是使家人实现自我于社会中。孟子曰："老吾老，以及人之老；幼吾幼，以及人之幼；天下可运于掌。"（《孟子》）这是爱的觉醒，同时是力量的觉醒和行动的觉醒。没有力量则难以实现爱，没有爱则难以实现仁义之举。家里创造爱，并使它面向整个世界，其乐则是天伦之乐。

父母对子女的爱，往往超过了对自己的爱，这是自然运动的大势。其爱走出家门超越个体，爱面对的是更多的人，这不只是一个爱，而是行动。"先天下之忧而忧，后天下之乐而乐。"（《岳阳楼记》）说的不只是某一份情感，不只是某一个美好的愿望，而是强大的力量行为。情感加力量所实现的是强大的行动能力，他将自己置身于自然大道之中而乐，在这里是先行动而后乐。此时，构成了一个情感的家园，同时也实现了一个超级力量的家园，情感与力量的结合使家的含义发展到极致，也使一个人实现其真实的情感。

　情感不是目的，爱也不是目的，家也不是最终一站，只有使孩子们尽早地踏出家门表现自我才是真正的情感。面对新的世界，其乐才是天伦之乐。

　当情感只停留在家里的时候则情感成了目的，爱成了目的，其天伦之乐只是亲情之乐。

过　年

一年到头，人们总会深情地说回家过年，年与家深深的连在一起。

年的来历是一个战斗的结果，人们战胜了强敌夕，从而开创新的生活。

相传很古的时候，夕是一种怪兽。头长尖角，凶猛异常，人们用炮火将它们消灭。当胜利到来之时，人们高声欢呼，燃放爆竹载歌载舞以示庆祝。这一天就是除夕，它预示着胜利，同时预示着新的开始。

一年四季周而复始，但每一年都是新的一年，这个意义就是除夕。人们组建家园面对新的生活，这是新的步伐，它的意义是战胜新的对手。过年的意义和家的意义都在于此，人们放炮燃花在于此时的不同，守岁包饺子一家团圆在于期待一个新的开始。

回家过年犹如朝圣，因为家就是一个家圣地。这不是宗教的朝圣更胜宗教的朝圣，这里没有神明，有的只是父母亲人朋友，和一颗赤子之心。家是运动之家，在家里创造了爱，觉醒了情感的意义，确立了力量的新形势。这是情感文明的朝圣，同时是力量文明的朝圣，人不但获得了力量还获得了自我。

在这里没有罪恶，也就没有忏悔的形式；没有高高在上的神明，也就不须膜拜的庄严肃穆，这完全是人与人之间的事。人与人之间，有力量有情感，还有礼仪。野蛮的形式被甩在身后，文明的形式确立人世间。

忙碌了一年，拼搏了一年，回家看望父母，追往古旧朋友，这是真情流露。然而家的意义是向外发展的，家文化是力量的对外的，回家联络感情补充能量只是一个休整。

我们应该到世界各地去过年，因为我们的文化是运动文化，是力量文化，是龙文化。

第十章 突破的新概念——《中庸》概念与《大学》概念

突破是持续性的自然现象，一次性的行为只能是消逝，或者是沉沦。那么，突破的自然意义就是对现在的运用，获得动态。它的自然现象是做大做强，而运动存在；它的行为是突破再突破，犹如一个尖峰而带动一片。

《中庸》

　　《中庸》，不是平平庸庸的概念，融入人群之中看不见。

　　《中庸》表述的是人自然的常态，人踏着自然的节拍而实现自我，其意义是身在最前沿。天地相对而立，确立了自然运动之势，人以其势而表现。完全发挥而实现自我的最佳状态就是《中庸》，它是突破的尖锋，实指你此时的巅峰时刻。

　　《礼记》曰："喜怒哀乐之未发，谓之中；发而皆中节，谓之和。中也者，天下之大本也；和也者，天下之达道也。致中和，天地位焉，万物育焉。"喜怒哀乐表示个体自然的欲望意志，它们代表着能量的不同形式。就是说：当它们没有发挥出来的时候则以自然大势而存在，处于能量积聚的状态"谓之中"；当它发挥出来的时候是一步一步实现的，一步比一步高一步比一步强"谓之和"。"中"的状态，就是天下大势的根本状态；"和"的状态，就是一步一步而完全发挥与大势合一。达到这种状态，则天地成了基础，而万物获得表现。

　　那么，"中"就是自然运动之中的力量状态，"中和"就是以自然运动的大势而表现自我，就是把握时机而创造自我的巅峰时刻。"未发"之时，是积聚力量于一点；"中节"之时，是发挥作用而突破一点，实现节节高的传承。当完全发挥，实现自我的最佳状态之时，就是《中庸》。此时的现象是人处于自然运动的尖峰，其性质是一个力量突破一切的性质，此时此刻那就是辉煌。以其势，人则奉天之命犹如一把剑而刺向远方。

这是自然的表现，其品德是力量的品德。力量而突破现在的行为创造了生的激情意志，它实现了一个人强大的形象，确定了一个眼光看远的性质。子曰："中庸之为德也，其至矣乎！民鲜久矣。"（《论语》）中庸的品德，是自然运动至高无上的品德，它是主动发挥而天人合一的最强状态。不能脱离行动而理解中庸，犹如人不能脱离自然而生活，不能脱离群体而独存。很多人都丢失了这种品德，已经很长时间了。

当你静下来理解中庸的时候，就会获得不同的概念。如，折中、不前不后，又，妥协、保守，进而，无过无不及、不偏不倚。此时，人已失去了主动性，失去了自我。万事万物都处于运动之中，这就是平常。当人静下来的时候，或者止步不前的时候，就是非平常。其中的个人意义是面对强者就是常，不能面对强者没有能力面对强者，就是非平常。

《中庸》的意义预示着天命自然，即突破自我的现实环境，而实现其生命意义。当面对强者的时候，则现实环境被一步一步踩在脚下，其人则实现生命的常态。

强

强，就是面对强者，这是自然赋予人的使命。

人行走在天地之间，自我的存在由我的行动而产生，这表示由现实环境而创造未来的个人的世界，及其发展进步而存在的意志确立下来了。

天地的使命是运动不息，人获得其使命而实现自我，那就是强大再强大。《礼记》曰："天命之谓性，率性之谓道，修道之谓教。道也者，不可须臾离也，可离非道也。"天赋于个体自我的使命就是强大，依其本性而行就是强大之道，实现强大之道则实现人的教育意义。强大之道，是人一会儿都不可离开的，离开了则脱离自然失去自我。

什么是强？什么是强大之道？那就是面对强者，它使你不止步。其中有力量还有关于力量的知识，此时此刻，力量和其知识实现的是对抗。"故君子和而不流，强哉矫！中立而不倚，强哉矫！"（《礼记》）在对抗之中爆发超我的力量，就是"中立"。就是说：君子融合万事万物从不止步，强大吧！在对抗之中永不退缩，强大吧！

"中立"，就是立于对抗之中而不退缩，这是对力量的认知。实事求是的将现在的一切因素发挥到最大作用，他面对的是强者。此时的强大是动态的强大，它立足于现在的认知而获得未知的意义。个体的知识往往是一定的，是具体而属于现在的，强也是一时性的。这种知识本身就是一种限制，它排除了未知。只有在对抗之中才能知未知，获得强大之道。中庸之道就是去获得力量，进而获得未知。

　　能够宽厚待人是一种强，战斗到死都不厌倦也是一种强，但这都不是强大之道。强大之道是君子之道，君子集两种强于一身实现对抗，在对抗中强大。其中有情感又有力量，它能够面对各种环境，不论是困惑迷茫还是意气风发，始终自强不息。

　　所以君子的强大首先是力量，然后才有仁义。有仁义则获得情感意志，获得坚定的信念。于是，强大超出物理性质，超出个体的局限而真正的强大。

忠恕之道

宽恕别人，是在行动之后的事。没有无缘无故的恨，也没有无缘无故的爱，自然地意志不受情绪波动。

人自然的拥有情感和欲望，这一点人人都如此。然而这是行动的情感和欲望，同时是力量的情感和欲望，认识这一点则自然。自然之道不以个体的情感而变化，它是力量自然，只有力量行为才有情感和欲望的真实。

子贡问曰："有一言而可以终身行之者乎？"子曰："其恕乎！己所不欲，勿施于人。"（《论语》）圣人这句话不只是针对自己人的，它针对的是所有的人。这是关于自然大道的认识，其中有力量也有情感，而其中的核心是对力量的认识。不只是自己认识，还要使别人认识，从而让他正确认识自己。这句话是每个人一生都要遵循的力量原则，不是你有情感你有仁义就万事大吉了。

人和人之间是有很大的区别的，关键在于发挥自我的情感和欲望。此时，忠和恕才被认识，它们的意义是发挥和表现，是在彼此之中实现作用。这里实现的是力量对抗，而不是某个慈善，或者某一感情大度的宽容，这里实现的是力量行动。个体所具有的情感，以及所获得的知识，都是力量在对抗之中的产物，它们不能脱离力量作用而独立存在。天地之道从不远离遗弃任何一个人，忠于自我的力量本性，理解人的力量意志，就是忠恕之道。

由仁义而行

262

《礼记》曰："道不远人。人之为道而远人，不可以为道。《诗》云：'伐柯伐柯，其则不远。'执柯以伐柯，睨而视之，犹以为远。故君子以人治人，改而止。"就是说：道从来不远离人。人如果为了追求道而远离人，则不足以为道。《诗经》上说：伐木做斧柄，伐木做斧柄，斧柄的样式并不远。拿着斧柄比较新的斧柄，斜着眼仔细瞧，差距仍然很大。所以君子以人的情感和欲望而发挥人，纠正其错误改正其行为。

只有实现自我的情感和欲望，才是自然大道。忠和恕是力量作用之中的产物，它的意义是行动。只有实现行动，才有忠和恕，在行动之中，才能确立忠和恕。忠是忠于自然的欲望情感，忠于自然的力量能力，恕则是以此而理解每一个人，从而获得关于行动的认识。

忠恕之道在于一个力量之心，其心，忠于自己从而理解别人。恕则是表现，宽恕别人是在表现自我之后的事。没有力量教育，是不会有人领你的情的。

明哲保身

明白自然的哲理，才能够保全自己。

自然运动无始无终，只有容身于其中才能保全自己，或者说永不止步才能完全发挥自己。保身不是被动的而是主动的发挥，这是自然的哲理。其中，认识力量，认识自我，从而做到不离不弃，就是明哲保身。

《礼记》曰："故君子不可以不修身；思修身，不可以不事亲；思事亲，不可以不知人；思知人，不可以不知天。"天的意义是无限的，以此认识亲情认识一个人自然的情感，都是天地自然运作的情感，其间的诚意就是不停止。一个人从修身事亲，到在社会中认识人和事，确立的是自然无限的意义。只有容身于这个无限的意义之中，才能修身保身。

确立不停止的意义，则明白社会家庭的存在意义，从而明白身在其中的我的存在意义。此时，不离不弃的是力量体系。"自诚明，谓之性。自明诚，谓之教。诚则明矣，明则诚矣。"（《中庸》）由个体实现群体的力量机制，所确立的就是这个不停止的意志。其中的教育意义，所教的是顽强的精神百折不挠的意志，其诚所成的是力量的强大意识，所实现的是自然的归宿。

自然的怀抱是力量的怀抱，其中自有情感，这个情感是发挥和表现的情感。它走出家庭超越个人，实现的是群体的情感，表现的是力量自然。

诗云："肃肃王命，仲山甫将之。邦国若否，仲山甫明之。既明且哲，以保其身。夙夜匪解，以事一人。"（《诗经》）集体的责任大于个体，整体运行的义务高于一切，这是一个人的自然使命。整体象征着统一，预示着超级的力量作用，同时包含着自然运动的哲理。

确立这样的哲理，认识力量自然，则实现自我的表现与发挥。那么，容身集体的力量机制之中而不离不弃，实现做大做强的群体意志，就是明哲保身。其必然的责任和义务不只是保全自我，而是发挥自我于群体之中。

这是自然哲学，或者说强大哲学。

《大学》

做大做强之学，就是《大学》。这是群学，也是自然之学。

强大是创造出来的，它只存在于动态之中。事实上没有大与小，大与小只是相对之中的大与小，是相对的意志使其大是其小，这个相对的意志就是永不止步。

阳光普照大地，照亮万物，新的一天开始。人们以其光明创造之形势，开创激情意志的生活，每一天都是新的一天。《礼记》曰："大学之道，在明明德，在亲民，在止于至善。"就是说：做大做强的道理，在于发扬光明创造的品德，在于使民众创新而表现，其核心在于追求新的生活而不停止。

自然的善就是强大，具体的形式只是强大的过程，所表现的只是现在的一个动态的形势。现在相对的大小，是以具体存在的力量能力获得的，它以有形的方式实现。而其动态的形式是相对于未来的，是以个体而具体的生命意志获得的，它以无形的方式实现。有形的方式存在于无形的意志之中，无形的意志以有形的存在表现出来。其意义是现在因具有生命意志而成其为大，于是强大就是突破现在通往未知创造未来的力量意志。

个体的形式是有形的，群体的形式是无形的，个体通过群体的无限运作而实现做大做强。贯穿于其中的是知识与情感，这是个体奋斗的知识与情感。《礼记》曰："知止而后有定，定而后能静，静而后能安，安而后

由仁义而行

能虑，虑而后能得。"就是说：有了知识与情感就会集中精力于一点，集中精力产生顽强的意志力，顽强的意志创造的是强大的信念，有了信念则运筹帷幄，此时获得的是整个的世界。

在群体的运作之中，个体以自然的力量规则，而发挥自我的欲望意志。此时天地运动相对的成了基础，个体突破了本能的形式，实现了情感的形式。情感的形式以个体的力量作用，以光明创造的意志，实现运作。在其中，个体执行的是自然运动存在的命令，其命令是一个必然性，即违令者斩。

这是人性情感的艺术，内在的是做大做强的持续性，外在的是群体运作无限意义的善。人们在创造新的生活之时还创造了自我，然而，最终实现的是自然的命令。

平天下

平天下，不是天下平，而是统一行动，获得超级的表现。

天下太平，人民安居乐业，这是一个战斗的结果，同时是一个再行动的环节。天下太平，不是静态的平静的，而是实现一个统一的运作机制。在其中人们有序地表现自己，而其整体形成一个对外的超级形象，那就是建立新的秩序确立新的表现。

平天下，首先从实现人的行动开始。人的行动是无限的，力量的强大也是无限的，因为光明创造的自然意义是无限的。《礼记》曰："古之欲明明德于天下者，先治其国。欲治其国者，先齐其家。欲齐其家者，先修其身。欲修其身者，先正其心。欲正其心者，先诚其意。欲诚其意者，先致其知。致知在格物。"这是一个人面向自然无限的格式，由一个人到群体到民族国家，标志着一个人的力量的无限发展。其中有情感意志、知的认识、我的确立，一步一步都对应着内在与外在的突变。贯穿其中的是力量作用，由群体国家所实现的是自然运动。

"明"就是发扬光大，"明德"就是光明创造之品德。情感随着力量的强大而强大，其行动超越亲情建立国家进而确立自然运动的意义，它展现了从个体到群体到国家到自然的方向，强调了个体和力量是这一切的源泉。《礼记》曰："格物而后知至，知至而后意诚，意诚而后心正，心正而后身修，身修而后家齐，家齐而后国治，国治而后天下平。"获得知识而后坚定地是强大的意志，"心正"正的是一颗强者之心，"身修"修的是行动能力，"家齐"齐的是力量的机制，"国治"治的是统一行动。贯穿于其中的是光明创造之品德，"天下平"是指人发扬"明德"而与自然同辉。

个人的情感，群体的意义，具有同一个方向，那就是强大。"自天子以至于庶人，壹是皆以修身为本。"（《礼记》）修身修的是力量，修的是强大的行动意识，修的是群体运作的强大品德。自然的意志是公平的，在一次一次的突变中，新的力量实现了人与人之间情感意义的升华。这是一个完整的动力机制，它建立在自然发展的基础上，确立的是人性情感的超级形态，实现的是个体人的无限意义。

家的含义被无限的刷新了，个体人从其中面对的是丰富广阔的自然世界，强大的自我感觉是回家的状态。此时的家与国，是运动之家运动之国。

絜矩之道

　　在群体之中，在彼此相互作用之时，相互体贴而上通下达，就是絜矩之道。其时，一个人能够体面的被人领导，又能体面的领导别人。

　　群体是一个超级力量的观念，它存在于自然环境之中，其运行是对外的。个体是群体之中的力量观念，它的存在是由群体而自然，其行为是由情感而实现力量作用。彼此的关系由情感和力量而确立，最终实现于群体运作之中。

　　这是一个由个体而群体而自然的过程，也是一个由情感而力量而行动的过程。《礼记》曰："所谓平天下在治其国者：上老老而民兴孝，上长长而民兴弟，上恤孤而民不倍，是以君子有絜矩之道也。"尊老爱幼恤孤，所实现的是由情感出发的群体作用。这不是某个统治者的情感之举，这是由下而上的自然意志。建立这样的体系就是絜矩之道，其本质是超级的力量之道。其中的情感不是目的，也不是某个意义，而是动力。

　　一份情感的关爱，不只是救济，也不只是慈善，而是给予力量。个体的情感和力量不是被动的止步于群体，而是主动的运作通过群体而行。《礼记》曰："所恶于上，毋以使下；所恶于下，毋以使上；所恶于前，毋以使后；所恶于后，毋以使前；所恶于右，毋以使左；所恶于左，毋以使右：此之谓絜矩之道。"上下、左右、前后，象征着个体处于群体之中，标志着一个动态的意志及形式，彼此自然的距离是力量运作的原则。

这是一个整体的意志和形式，它运动存在而不止步。表面上看个体处于中间，而实质是处于无限的力量作用之中。

群体就是力量运行的平台，其中力量与力量之间必然有一定的距离，这是彼此发挥的距离，同时是自然情感的距离。由孝和兄弟相映的情谊，实现一个统一的力量意志，则具有爱惜幼小不遗弃孤寡的品德，它上承先人意志而发挥人的力量作用。在其中，个体获得空前的意义，它拥有群体的力量而发挥的是自我。在其充分发挥之时，确立群体的意义。

上下、左右、前后，是关于群体运作整体状态的认知，是一个力量发挥其作用所获得的意义。没有发挥则没有这些观念和意义，但是产生了这些观念之后则必须认识它们的实质，不受它们限制。这就是衡量进步的原则，即"絜矩之道"。

民之父母

　　父母的伟大在于无私，而无私的真正含义是使其子女成长，并获得自我而实现作为。这是自然的意志，父母的概念堪比天地，而实质就是这个自然的意志。民之父母，其意是实现民众的自然情感，即自主。

　　君子的概念就是将这样的一份情感运用于社会之中，其意义不在于情感本身，而在于其个中的自然的意志。诗曰："南山有杞，北山有李。乐只君子，民之父母。乐只君子，德音不已！"（《诗经》）杞和李，自然的成长，获得的是自然的成果。人同样如此，实现人自然的力量和情感，则获得自然的生活。君子的意义是建立个体表现的机制，发挥其力量和情感，以此实现快乐的生活。此时的快乐是自己创造的，它代表的是自主的生活。

　　力量和情感，是生的力量和情感，象征自然的意志。发挥它们运用它们则实现新的生活，或者自然的品德。《礼记》曰："是故君子先慎乎德。有德此有人，有人此有土，有土此有财，有财此有用。德者本也，财者末也。"人、土、财，象征运用和发挥，实现其自然意志，不能运用不能发挥则没有品德。君子就是创造力量和情感的人，其品德是获得生的快乐。生活的意义由生存而发展到创生，社会的意义由共同生活而发展到创造新的力量和情感，其中的快乐是共同行动的快乐。

　　君子的高尚在于自主，它的意义在于由此而缔造的整体意义。君子的情感来自于父母那自然的情感，但突破了它的范围而走入社会，突破了情感的私有而回归自然。整体的力量来自于百姓的力量，但不是简单的集中，而是创造新的力量和情感。此时个体是力量的个体，它具有一颗力量之心；整体是自然的整体，它表现的是个体的意志。

认识到民心，就是认识到个体自我的力量之心，则对应出君子的存在。父母的形象不只是爱，还是一个行动的基础，它表现在社会运作之中。君子就是民之父母，他创造新的秩序和规则，从而使新的人和事自主的表现出来。

一个服务的角色被纯粹的认识出来，君子和父母的角色就是服务的角色。他们不是没有私欲，而是将私欲化作新的力量表现和新的情感抒发的基础。

赤子之心

赤子，象征活力；赤子之心，就是力量之心。

力量之心是自然的，它的意义是行动，在行动之中创造新的事物面对新的事物。创造新的事物面对新的事物，其人则像新生婴儿一样时时面对着一个新的世界，时时创造着一个新的世界。

孝弟慈，象征着爱，它们构成了人性情感强大的动力机制。这里不只是产生爱，还创造力量，产生新的活力。"故君子不出家而成教于国：孝者，所以事君也；弟者，所以事长也；慈者，所以事众也。《康诰》曰：'如保赤子。'"（《礼记》）创造活力，时时刻刻面对着新的事物，犹如"赤子"。家就是这样的一个基地，它培养的是人，那么，这是一个力量加知识加情感的基地。家庭完成了其为人的基础，孝弟慈赋予他一颗至诚之心，那就是像婴儿一样具有最强大的发展潜力和动能性，以及获得新奇的欲望。

家庭是一个起点，它包含方向和意义，以及确立了一个力量情感的形式。由此出发则奠定了一个超级力量的基础，就是说是一个人以其行为而表现自我的基础。"《诗》云：'其仪不忒，正是四国。'其为父子兄弟足法，而后民法之也。此谓治国在齐其家。"（《礼记》）父子兄弟法，就是面对四方而建立新的秩序，这就是"治国在齐其家"的根本意义。这里奠定的是一个强大的意志，它是世界秩序的缔造者，其不羁的心性面对的是更广阔的世界，具体的行为是匡正四方的国家。爱的意义获得了自然，其力量意志趋于无限，个体自我亦趋于无限。

这就是一个人为父为子为兄为弟的形象，为孝为悌为慈的行为。它包括个体意志、血缘情感、力量作用三方面，并合而为一。三方面是在行动之中合而为一的，合一是创造的行为，是个体力量的需要，同时也是大家的需要。大家的力量来自于孝把握于弟成就于慈，孝提供了意志力量和精神意识，弟组织了具体的力量结构，慈造就了力量无限的可能。

从实现个人，到以兄弟情义而创立社会，是一个力量从实现自我到实现超自我的过程。这里持续相承的是知，是情感，是力量意志，所表现的是《中庸》，所实现的是《大学》。

新　民

　　由生的欲望创造新的需求，而抒发激情意志的人，就是新民。

　　人的行动创造了人，而不是其他。在茹毛饮血的洪荒年代，人由生的本能而活，并渐渐地积累了知识，认识了更多的东西产生了新的需求。自然而然的，人的行动扩大了，新的需求创造了新的情感，也创造了新人。

　　这是真实意义的开天辟地，是运用生存本能而开创的人的世界。由新的情感，所实现的是主动的行为和意义，其过程分三步走。盘古开天辟地是第一步，象征对力量的认识，力量制造变化；伏羲演八卦而开创理性是第二步，象征对变化的认识，变化是自然运动之中的变化；女娲造人是第三步，象征对情感的认识，情感实现的是激情意志的人。这里不存在鬼怪神魔，存在的只是力量的现实礼仪的威严以及情感的真诚，这里没有过去和未来，这里只有现在，也就是你的表现。

　　这是人在自然洪荒之中的觉醒，觉醒的是人对自然规则的认识和运用，并以此创立生的情感和意义。依据自然规则而行，人们发挥的是力量运用的是情感，实现的是新的需求。舜帝确立父义、母慈、兄友、弟恭、子孝五种美德指导人们的行动，实现了人性的动力机制，野蛮的力量获得了文明的形式。在理性的作用下，人们对祖先的祭祀与天地合一，从而实现一个主动存在的情感意志。这种观念意识的重心不是在自然的神秘莫测上，也不是在自我的力量本能之上，而是在人文相承的力量意志和其新的

276

情感。

情感意义的不同改变了现实环境，残酷竞争的世界获得了一丝温情。人在情感的基础上建立力量体系，从而确立人的世界。此时，把握自然知识而实现人的行为，运用自然的法则而实现自我的意义，人的眼光变得不同。书云："作新民。"（《尚书》）就是这个意思。

人的理性超越了自然崇拜，人的脚步自然的迈过了神秘虚妄和奥义密意，实现了力量、情感和自我的真实。汤之《盘铭》曰："苟日新，日日新，又日新。"这是行动的真实，是新的情感，新的力量的真实。

第十一章　人性力量善的概念

　　人性力量在于节节高，善的强大在于不止步。

　　这是自然的概念，自然运动无始无终，其中，个体的表现就是做大做强。

　　羊大为美，那么，善的概念也是大的概念，美好的概念。

人之初，性本善

"人之初，性本善。"《三字经》其意义是性未善。

性是自然的本能，是运用与发挥的大势。只有实现其作用，做大做强，才为善。自然运动无始无终，宇宙万物都处于运动之中，那么，性一直未善。

在人之初，人秉承自然而生其本身为善，每一个人的诞生都是善，这是自然生生不息的善。但是人具有认识的能力，在其成长的过程中，面对多样的变化必然出现懈怠迷茫。有多少人能够保持其自然的善，发挥其自然的意义？老子曰："载营魄抱一，能无离乎？专气致柔，能婴儿乎？"（《道德经》）就是说：你能够集中精力于一点，而不受干扰吗？你能够将现在所拥有的一切化作基础，像婴儿一样面对新的世界吗？

丰富的生活多样的变化，相对的是再进一步的艰难，你能将现在的一切化作动力而更上一层楼吗？婴儿并不是弱小，他象征着最初的存在形式，那就是一个纯粹的势能。此时，犹如一个人集中精力而去做一件事，从而排除一切干扰的状态。这是最原始最强大的状态，面对新的事物，创造新的开始，事实上你就处于这样的状态。"人之初，性本善。"并不是说的小的时候，而是说的现在。

婴儿象征现在的动状态意义，象征着最初的善，它预示着开创一个新的开始。然而，新的开始必然有新的动力，于是，仁的概念接替了婴儿的概念。曾子曰："士不可以不弘毅，任重而道远。仁以为己任，不亦重乎？死而后已，不亦远乎？"（《论语》）这是知性的人性的存在，它是力量获得自我而存在的形式。自我突破创立新的存在意义构成仁的概念，其人在这个过程中获得了不止步于现在的动力。仁的概念是一生的概念，它死而后已，承担的是完全发挥的重任，一生的重任。

人的一生都处于动态中，其认识同样是一个动态的认识，那么，曲折离奇战斗伴其一生。然而，自然变化，包括人自身，并不受一定的认识所定局。仁的概念，就在于突破这个定局，其人则以一生去表现它。

受一定的认识所限，善往往成为一定的东西，从而失去善的本质，故此称"人之初，性本善"。

性相近，习相远

　　每个人表现自我的愿望都是自然的，只是表现的方式有所不同。

　　每一个人都必然的以个体的形式表现出来，你就是你我就是我，其表现的本质相近表现的形式相远。人们彼此秉承自然地意志而表现自我，并在自我的表现中创立不同的形式，最终超越形式由群体而实现自然。

　　这里表述了一个运用发挥的途径，其形式有所不同，但生生不息的自然意志不变。其中个体是力量的，进而群体是力量的，所不同的是形式。个体表现的是力量形式，群体表现的是运动形式，由个体的力量表现实现群体的运动存在。彼此的关系是服务与被服务的关系，群体提供一个表现的平台，个体表现其上。老子曰："圣人无常心，以百姓心为心。善者吾善之，不善者吾亦善之，德善。信者吾信之，不信者吾以信之，德信。圣人在天下，歙歙为天下浑其心。"（《道德经》）圣人的心是力量之心，它战胜善战胜恶，确立的是群体表现的平台。

　　近，近的是群体，是自然运动；远，远的是个人，是彼此之间的力量作用。人在善与不善的作用之中行动，在彼此的力量作用之下而竞争，由此而表现群体而表现自然运动。子曰："民可使由之，不可使知之。"（《论语》）就是说：百姓要使他们自我发展，不可使百姓受知识所限制。自我发展创立精神和意志从而形成新的力量能力，任何知识都是一定的知识，只有在力量之中才能突破它的限制，只有在竞争之中才能战胜善与不善。

人与人之间，相近与相远，辩证统一在群体的运作之时，表现于自然运动之中。人类现今仅存的三大文化体系，习俗和形式有所不同，但运动存在的实质不变。

于是，一个人在表现自我意志之时，表现了群体，也表现了自然。

苟不教，性乃迁

教，教育的是力量，教育的是做大做强的意志。

认识自然运动存在的性质，则认识自我。自我是一个运动中的个体，而其真正的含义是突破自我，不能突破则直接面对的是死亡。没有可以静止不动而能保持自我的，这就是自然的性质，也是教育的核心。

围绕这个核心，是力量的发挥和运用。力量创造行动，力量创造世界。这不是善良，更不是好人，而是自然。老子曰："为学日益，为道日损，损之又损，以至于无为。无为而无不为。取天下常以无事，及其有事，不足以取天下。"（《道德经》）就是说：求学在于获得知识而拥有更多的力量，为道在于发挥力量，发挥再发挥，从而实现自然创造。自然创造的行为无所不为。天下运作在于创造现在还没有的行为和事，以现在的有和现有的事来衡量天下，则不足取。

自然创造首先创造的是群体，这是运动存在的形式。由群体获得新的力量，由其力量的作用而确立彼此之间的情感，抒发激情而生活。子曰："兴于诗，立于礼，成于乐。"（《论语》）就是说：天下的发展与进步兴起于激情和意志，确立于以礼而组建的群体的合力，成就于以自我的作用而融入群体所实现的无限意义。

其乐，是乐于运动之中。诗、礼、乐，都只是自我实现其个体存在的情感形式，它们的形式有所不同但所表象的是一个运动主体，它以新的力量的发挥而存在。这就是教育，它教育的是本性自然，即力量自然，运动自然。

假如说善良和好人成为某种意义，那么本性就迁移了。长此以往，必然面对的是懦弱、愚昧、无知。换句话说，没有力量你教育什么？

人　性

　　人秉承自然而表现自我，那么，永不止步就是人性。

　　人说本性难移，那是因为我们都处在运动之中，必然的规则于身居来。只有战胜现实的环境才有新的自我，那么，人性的本身就是超越自我。

　　性，所代表的就是力量本能，是存在与运动的大势。这是一种必然，然而，是行动的必然。老子曰："道生之，得蓄之，物形之，势成之，是以万物莫不遵道而贵德。"（《道德经》）这就是人性的自然形式，它由自然运动而生，获得生的情感而孕育，由物质的形式而表现，以其大势而成长。这是自然万物之性，同时也就是人性。所以人性就是遵循自然的品德，而崇尚生的情感意志，即创新而生。

　　自然的真实就是力量，而人性的意义是力量的真实。运动是自然的常态，仁义礼智信，确立情感的力量形式实现持续的动力机制，奠定的是人类社会的常态。所以"子不语：怪、力、乱、神。""子绝四：毋意，毋必，毋固，毋我。"（《论语》）孔子反对怪异、强暴、叛乱、鬼神，等一些不切实际的东西，目的是要创造一个自由自主的人性。那就是：不凭空臆断，不绝对肯定，不拘泥固执，不受自我限制。

　　这是一个超级的形象，而实质是真实的力量形象。仁义礼智信，来自于自然，确立的是人在生活中的力量，它排除了神，同时排除了冥想，建立的是人性。同时排除了超强的上帝的绝对存在，排除了轮回缥缈的不真实的妄想，确立了现在的存在。人性是现在的人性，人实现了脚踏实地的力量的作用，将自己发挥到极限而创造行动的先机。其形式是自立自强，核心动力是新的秩序。这是人性情感的真实，同时是自然情感的大势。

没有力量的人性是不能让别人接受的，然而，一个力量的作用只是一个变化，它必然面对的是消亡。就是说超越力量本能获得生的情感意志，运动而生，才是人性。

由仁义而行

善　良

善良，善的是力量，良的是行动。

这是一个群体的观念，个体的人不存在善与良。就是说这不是一个品德的问题，而是一个力量的问题，是实现一个力量作用于群体之中。

个体、群体，乃至国家，都是一个动态的自然个体，它们表现的是力量。由个体到群体，实现了人真实的运动状态，或者说生活状态，而实质是力量状态。这里包含了个体与整体、情感与力量、行动与智慧的统一，这就是善良。它不是一个纯粹的情感，而是由集体的力量而焕发新的情感，它不只是一个好人，而是一个新的力量表现之人。老子说："小国寡民。"（《道德经》）孔子说："乡愿，德之贼也。"（《论语》）所表述的就是群体的动态，和个体在群体之中的责任。

一份情感，一个好，是不能单独来理解的。当你认清自己的情感，当你智慧的表述了自己的好的时候，你已经停下了脚步，进而脱离了自然。庄子曰："日凿一窍，七日而混沌死。"（《庄子》）人有七窍，象征七种能动的方式，当你智慧的分清楚的时候，整体的方式丢失了。混沌就是整体的能动状态，七窍只能存在于其中，这是自然运动的善。人是能动的人，其力量表现于群体之中，获得整体的超级存在，就是善。

由群体而获得的是超我的力量，同时获得的是超级的运作方式，它面对的是更高的存在。孟子曰："入则无法家拂士，出则无敌国外患者，国恒亡。然后知生于忧患，而死于安乐也。"（《孟子》）在群体之中，其人的行动是责任而不是安乐，是获得新的力量新的欲望而表现。由群体而实现运动存在，其行为就是良。

是享受现在，还是享受突破现在？自然的意志是存在与运动，享受突破现在就是享受存在，这就是善良。

第十二章 《道统》的概念

《易经》是整体，老庄、孔孟，是运作。

老庄之道，论述的是力量自然，人由力量而超越现在；孔孟之道，论述的是生的激情意志，人由激情而创造生活。彼此超越持续突破，展现了《易经》存在与运动的哲理。

《道统》的概念，就是自然的概念，人自然的拥有力量和情感，情感是力量的情感，力量突破现在而创造新的情感。

《道统》

　　《道统》，就是《易经》、《道德经》、《论语》，这是一个永不止步的传统。

　　《易经》是整体，它象征自然运动而无限，《道德经》和《论语》是力量和情感，犹如人的两条腿而使人远行。双腿互为基础持续突破而走动成行，它们相辅相成共同作用创造了整体运作。

　　人自然的拥有力量和情感，道学着重力量，儒学着重情感。彼此的不同和区别在于行走的需要，它们共同的作用实现了走动成行。行，运用的是自我的力量能力和情感意志，但实现的是自然的运动存在。人以两条腿行走在万物之上，表现了情感和力量的统一，情感是力量的情感，力量突破现在而创造新的情感。力量和情感构成行走的天与地，实现具体的两仪和阴阳。道学就是天，儒学就是地，它们象征自然运动而无限，这就是《易经》的整体的理性。

　　认识存在就是确立一个知。知，表示一个行动，表示一个力量作用和其情感意义。认识存在，则实现情感的力量的形式，知存在知自我运动而存在，就是《易经》。这是一个在自然运动之上而实现的知的运动，其中的情感是存在的情感，人以其知的情感意义实现自我的力量作用和表现。《易经》系统地论述了其理性的意志，这个理性就是力量自然，即一个运动整体的持续意志。《道德经》论述了其自然的运动形式，即优胜劣汰；

《论语》论述了其情感的运动形式，即步步高。《道德经》是自然是基础，《论语》是自主是自由飞翔，它们共同表现了一个知的运动存在。这个知，就是人。

《道德经》和《论语》共同实现了这个人的形象，这是一个知而知未知的无始无终的强大形象。它们之间的相互作用在运动中合一，彼此是一个运动的整体而缺一不可。《道德经》论述的是力量自然，优胜劣汰构成现实的基础，这是自然力量的运动形式；《论语》论述的是运动情感是激情意志，一步比一步高构成生活的基础，这是人性情感的运动形式。一个是以本能欲望实现力量作用，一个是以礼而实现新的力量作用，它们共同构成力量加知识加情感的人性的生活机制。

这里没有虚玄的东西，没有神秘的现象，有的只是自然力量的表现，有的只是一颗强者之心，那就是无视障碍横扫一切的运动之心。老庄讲述的是力量，它运行的是自然法；孔孟讲述的是情感，它运行的是先进法。《庄子》打破日常生活习以为常的知识局限，而"遨游"；《孟子》确定人性情感的力量气势，培养一往直前的"浩然之气"。

知力量知自然则知运动存在，知情感知进步则知生命意志，道与儒以知而合于存在意志，以力量作用而融于自然。其心是自然之心，其人是力量之人运动之人。

《论语》是人族正统，它论述的是人性的强大；《道德经》是自然的命令，它论述的是不停止；《易经》则是整体，它论述的是存在与运动。

天　子

人，就是天之子。

天，象征着运动无限；地，承载了运动而真实。《易经》整体地论述了这个无限而真实的意义，《道德经》论述了其永不止步的大势，而《论语》则是运动之子，人性情感的强大标志着人站在自然运动的巅峰。

封建君主以天子自称只是断章取义，天子的概念预示着人在天地之间在运动之中脱颖而出，人性善的意义领袖万类。就是说人性善的意义预示着未善之意，它是超速的，即更强更快更大。人性善在自然运动之上实现了新的存在意义，在自然的神奇中创造奇迹在变化的莫测中创造真实，所演绎的是不停止。

人性善战胜了神秘奥义战胜了本能强大，但是还要突破善，这是人性自然。善的概念是超级力量的概念，其超级的概念在于突破自我而运动自然，这就是天之子或者说人的形象。脱离自然运动这个大前提，你是看不懂《论语》和《孟子》的，更不能理解人性善的情感意义。《论语》的大前提是力量的自然形态，反映到人类社会的形式就是武士；《孟子》的大前提是勇士，没有一往直前的勇气如何谈性善？那么，武士抑或勇士还应该学习些什么呢？那就是礼仪。所谓的礼仪天成，就是由力量强大的品德而成。

《道德经》和《庄子》论述了这个自然运动的大前提，那就是不停止。它们奠定了人性动态的力量基础，也就是善的基础。《道德经》是群体竞相表现的经典，《庄子》是不受既定世俗约束而逍遥游的经典。群体是动态的个人也是动态的，《易经》则是这一切的整体，它是指导人们突破现在的运动哲学。假如说武士和勇士代表力量，那么以礼而行的武士由善的情感而化身的勇士就是超级力量。在此基础之上，《论语》是武士之学，《孟子》是勇士之学，结合在一起是人之学。

这里没有神秘的东西，也没有虚玄的奥义，有的只是你与我的力量情感和礼仪道德。所谓的圣人之道，就是教化力量之道。这里教化的是力量文明，教化的是人性的强大，即辈辈相承战斗不息的人文意义。其中有忠勇孝、道德，还有仁义礼智信，它们都是力量的超级概念。其中，情感是力量的情感，礼仪是人性强大的威仪。

孔孟之道是对外之道，它教化的是外人；老庄之道是力量作用之道，它突破的是现在。其时，老庄表现了自然运动之势，那就是无始无终；孔孟则是踏着运动波浪而行的浪花，那就是人性领袖万类的善。

生　活

生活，就是决机于两阵之间。

自然赋予人类生活的场地，那就是天与地。这是相对而立的两阵，胜则生败则死。这是力量和激情，同时是存在和精神。各行各业都是战场，一切都处于动态，这就是生活的自然基础，同时也是生活的自然意义。

道学和儒学共同演绎了一个力量加激情的作用，那就是强大再强大而运动存在，这就是中国精神。人们认识自然的力量，同时认识自我的情感，而创造新的生活。老子说："天地不仁，以万物为刍狗；圣人不仁，以百姓为刍狗。"（《道德经》）孔子说："唯仁者能好人，能恶人。"（《论语》）一切都在于行动和表现，没有行动就没有激情和意志，没有表现就没有好与恶的人的观念。老子表达了力量存在的自然的铁律，孔子表达了生命存在的情感意志。这是行动的铁律表现的意志，其人在自然运动的洪流之中身不由己。

决机于两阵之间，就是行动与表现之间，其意义是突破现在而表现自我于运动之中。庄子说："昔者庄周梦为蝴蝶，栩栩然蝴蝶也。自喻适志与！不知周也。俄然觉，则蘧蘧然周也。不知周之梦勾蝴蝶与？蝴蝶之梦为周与？"（庄子·齐物论）孟子说："鱼，我所欲也，熊掌亦我所欲也；二者不可得兼，舍鱼而取熊掌者也。生亦我所欲也，义亦我所欲也；二者不可得兼，舍生而取义者也。"（《孟子》）这是自我创造的激情时

296

刻，其人激情此刻，就是生活。此时人处于表现之中，而不知道自己在那里。

道学和儒学共同的知就是人，即，力量加情感、运动存在加生的激情意志。道学以力量自然的形式而知人，儒学以仁义情感的形式而知人，其核心是知人的行动能力。其中的区别是表现的方式不同，自然的方式是物竞天择是力量本能，仁义的方式是竞争是以礼而实现力量作用，然而其强大的意志不变。道学实现自然的善，以力量的自由意志实现运动存在；儒学实现君子的善，以先进的情感意志实现运动的生活，最终突破现在而融汇于自然。

生的情感就是自然，知的情感则是为人的自然，其表现是当机立断决机于两阵之间。自然的力量在知的作用下实现人的超级行为，并确立了生的战斗意志和善的创生的情怀，其人的生活则面向自然无限。

龙

龙的概念不只是好战强大，而是有人性。它集百兽之长于一身，实现的是变化不息强大不止，事实上这是人的形象。

人一步一步从自然中走来，他代表着力量代表着情感代表着智慧，由力量创造变化由情感创造激情由智慧创造新的世界。三者有效的结合，表现了人的形象，那就是强大再强大。龙的形象来自于自然图腾，其身，具有百兽的优点；其超级的形态预示着超级的变化。它腾云驾雾上天入地，突破一切的形式而无所不能。强大的威慑力，横跨一切，其形象表现了无以言表的力量感，这个感觉就是人的感觉。

这是一个在变化之中的运动概念，强大的能力必然突破形式的障碍，而表现动态。龙表示的就是这个强大的动态，它展示了自然的神奇和风采。在动态之中，个体的形式虚幻了，在恍与忽之间，是运态的真实和强大。老子曰："惚兮恍兮，其中有象；恍兮惚兮，其中有物；窈兮冥兮，其中有精。其精甚真，其中有信。"（《道德经》）孔子曰："志士仁人，无求生以害仁，有杀身以成仁。"（《论语》）这是强大的真实，动态的真实，同时是情感的丰富。人的力量情感不局限于自身，而是创造动态的风采。

力量是真实的基础，新的力量是行动的基础，其情感确定运用与表现的情势。发挥而完全表现，则人实现其自然。此时，人处于最佳状态，

由仁义而行

表现了自然的本分。这个本分就是天人合一，也是人力量的最佳状态。庄子曰："故其好之也一，其弗好之也一。其一也一其不一也一，其一与天为徒，其不一与人为徒，天与人不相胜也，是之谓真人。"（《庄子》）孟子曰："自反而缩，虽千万人，吾往矣。"（《孟子》）将自己完全发挥，则与天地并行，这就是真人。完成自然的命令，勇往直前，则为大勇。

古之君子以天子自居，其意是运动之子，或者说龙子。他以人伦情感创立力量的新形势，在交锋之中实现其作用最大化，所创造的是群体力量的新观念。力量情感的形式产生了，并主宰这个世界。自强的是个体，不息的是群体运作，其中仁义礼智信确立力量情感的常态，其外在的表现就是龙。那强大的威慑力，正是四方。

龙文化，象征着力量情感的形式，或者说人性的力量形式。人自然的拥有力量知识和情感，但只有情感运用知识发挥力量本能，才是人类正道。

存在与运动

由万物的不同形式所表现的自然存在，以及由不同民族的习俗所表现的生活现象，就是存在与运动。这是自然统一的，其差别只是一个运动状态，正是其差别表现其于自然运动之中。

山山水水，看是山和水，其自然的意义是存在和运动。各民族不同的习俗同样如此，人类现存的最突出的三大文化体系各具特色，这是存在的特色、运动的特色，同时是选择的特色、自由和智慧的特色。其中的差异，是运动形式的差异、生活形式的区别，或者说存在与运动的多样化。西方人偏重于力量的形式，这是本能的存在形式；印度人偏重于祭祀的存在形式，这是神性的存在形式；中国人偏重于情感的存在形式，这是人性的存在形式。其中各具特色，受其环境约定成俗，然而这一切都是存在与运动的形式。

中国文化从尧舜开始，选择的是情感，确立的是行为意志。这是一个人的文化，它以生活的情感意志，实现了人与人之间的世界，即人间。印度文化从吠陀经典开始，选择的是知识，确立的是神性。这是一个知识的文化，它以亲身所见所感知的变化现象，确立了了我的真实存在和梵的永恒存在，从对真知的追求去实现一个神圣的生活，即天堂。西方文化自梭伦改革开始，选择的是力量，公民大会确立的是一个力量的表现平台，它实现的是一个力量的本能的表现。一切的勇敢的品质，节制的智慧只是实现

300

一个力量作用，它创造的是力量本能的世界，即地狱。不论是人间、天堂还是地狱，都是人文化的思想的超级的运动形式，它们同归于运动存在，也就是《易经》。

站在《易经》的角度来看各民族文化的特色，都只是力量运动的不同的形式，他们必然在一个更大的环境中统一。西方人在本能的驱使下，研究物理创造激情，无意之中演绎了"道法自然"，这是战斗的结果。自然之道表现得淋漓尽致，实现的是不停止。印度人在知识的驱使下，苦行奥义创造神圣，在变化之中演绎了"追求"，这是有意识的结果。人的主动性表现得淋漓尽致，实现的是一定的现有的知识的作用。中国人在情感的驱使下，感悟人伦缔造仁义，在理智中演绎了"人性"，这是清醒的结果。人的生活性表现得淋漓尽致，渴望的是平安幸福。这些都不是整体的认识，整体的认识是力量运动，它超越这一切。

中国人的"人"字的一撇是瘸的，多少年来一直是一瘸一拐的在走路。封建教育，把《易经》神秘化了、把《道德经》虚无化了、把《论语》情感化了。《道德经》和《论语》不能有效配合在一起，力量和情感不能携手共进，就是说没有新的力量也没有新的情感诞生。"人"字的这一撇是力量是突破，"人"字的这一捺是情感是表现的情怀，没有力量的突破情只是现有的情感，它只能表现过去的情怀。力量和情感的机制是创造力量，获得新的情感，这个机制处于半停滞状态。以至于，《易经》只是用来起个名字测个吉凶，道士只会画个符能捉鬼，秀才只懂得繁文缛节，人们只能小心谨慎的生活。

"人"字的形象，各民族的表现是有差异的，这是力量运动的差异，也是行为意识的差异。印度人的"人"字是静态的，生命的知识永远认识不了死亡，千百年的探索跨不过生死这道鸿沟。然而，婆罗门就是现世的神，但没有刹帝利、吠舍、首陀罗，就没有婆罗门的崇高性。于是，人们只能生活在种姓制的神性的固化之中。西方人的"人"字是本能加速的，在对抗之中知识和情感发挥了本能的作用，那就是创造奇迹。西方人越走越快，本能的强大虽然制造了荣誉感但始终吞没一切，人们生活在战争失控的边沿。

这一切都只是人类自我的感受，吞噬与被吞噬，神圣与永恒，礼仪与文明，它们必然的统一于存在与运动的自然的脚步之中。科技文化的高速发展预示着人类处于超速的运动状态，大冲撞与融合在所难免。情感与本能，还有知识，必然创造出新的结合点，也预示着一个更大的世界矗在我们面前。

诞生于高速发展之中的马克思的唯物主义，其辩证法就是运动存在。在斗争中创造新的力量，而实质是劳动创造。物质是基础，进步就是运动，其形式是劳动。劳动创造的情感就是存在运动的情感，它超越了一切个人、一切国家、一切阶级集团，它的意义是运动无限。这是在生存本能之上的存在情感，其情感就是共产主义情感。它不是静态的，它是运动的最大化。这是一个终极的目标，是现实世界的意义。中国人的情感传统所创造的人文个体，印度人的真知传统所创造的神圣个体，西方人的欲望传统所创造的力量个体，在其中将获得统一。介时，运动情感必然同时协调真知的局限性和欲望本能的冲动。

《易经》的运动无限和共产主义的思想是吻合的，它们都是运动存在，并且都是人性的情感的，彼此的形式都是劳动创造。新文化运动是力量本能和情感意志的共振，是东半球和西半球的共振，所表现的是自然的大势，所现实的是人类存在与运动的无限意义。这个无限的意义是生活的真实的，这是一个更大的整体的意识。毛泽东思想预示着这个意识的觉醒，标志着情感的主导地位。

人类的脚步是无止境的，因为自然运动无限。世界的大融合，预示着新的力量的产生，标志着自然运动新的步伐。人性情感的意义将主导这个步伐，人类文明的意义必然超过人类自身，因为人性情感运用知识发挥力量本能，实现的是超级的运动存在。人由野蛮而创生，并由生的激情意志而创造文明，所面向的是美好无限。

一个更大的整体的观念俞加的明显，呼之欲出！那就是人类意识。人类存在的意义，融入自然运动而领袖群伦。这是运动存在的自然意识，它亘古弥新，只是时时换新颜，但是其象形的符号不变，那就是《易经》。

后　记

　　中华文明的精神在我们血脉中，国学就是我们的根，它使我们凝聚在一起，从而去面对新的事物。发扬它，光大它，是每一个华夏子孙的责任和义务，让我们一起行动吧！发扬古人智珠在握的精神，让我们一起缔造新精神。

　　中国共产党人艰苦卓越的努力，使中国人在这个群兽林立的动物世界站了起来，紧接着，中国梦，伟大的中华复兴之梦，让我们放眼世界。这是一个礼仪文化的眼光，是情感意志的力量形式。这不只是我们中国的事，这是全世界全人类的事，因为这里站起来的是一个人，而不是一个力量本能的什么怪兽之类的东西，他是情感的文化的。一个人自然地拥有力量、知识和情感，但是只有情感运用知识发挥力量作用，才是人类正道。

　　礼仪文化就是人类正道，礼仪组织新的力量，文化赐予力量以意义，而情感知识是护法。三者必须有机统一，否则，要么是停滞不前，要么是洪水猛兽，或者被洪水猛兽吞没。其中情感起主导地位，就是说力量是基础，知识是工具，情感则是发挥和运用的灵魂。由此而确立的是一个力量之心运动之心，这里有的是力量和知识但表现的是生的情感意志，这就是"中国文化之心"。犹如一首歌所唱的那样："朋友来了有美酒，若是那财狼来了有猎枪"，其人是力量的文化的。

　　我们中国正在强大，就是说我们中国人正在强大，情感使我们凝聚在一起实现了新的力量意志，其必然地要表现自己。张峰老师说：纳百川以为海，集众物方成龙，镕八方之力而表现自我；杜金琳杜总说：龙马精神；王政王总说：力量意识。这是运动之中的状态，是生的情感意志。镕

由仁义而行

八方力量所创造的是新的力量，它构成运动存在的基础；龙马精神则实现运动存在，龙是强大的力量作用，象征着突破而争胜，在现实中战胜一切困难，马是持续作用的能力意志，象征着承载包容和责任，它们的结合就是运动；力量意识标志着一个人的觉醒，一个人的力量是有限的，然而战斗的意识无限。几位朋友共同表述了一个精神，即强大再强大，那就是气吞山河匡正四方的意志。其现象是：情感加知识而发挥力量的作用，我认为这就是"中国精神"。

强大再强大内在的是凝聚力，外在的是建设性。纯粹的力量本能只是一个破坏作用，只有情感和知识才能赋予它存在的意义，那就是运动而生。新文化运动的胜利是一个分水岭，它提供了一个契机，那就是对西方文化的力量本能和东方文化的情感知识分而认识，并综合运用形成整体而成为可能。这是一个运动存在的整体，生的情感意志起主导地位，就是说中国文化主导其中而领袖群伦。

这里领袖的是人，即一个人所拥有的力量、知识、情感协同发展。就是说人不会因为力量本能的作用而与魔鬼签约，不会因为一定的知识现象而陷入冥想，更不会因为情感的善良意义而自囿。这是一个战胜自我的过程，其现象是不止步于现在。此时，人将力量本能的作用、一定知识的知与见、个体情感的局限性踩在脚下，他实现的是新的表现，所面向的是未知。

人类社会就是一个加速运动，而这个加速的意义就是文化的意义，它象征着积极的建设性。由这个建设性人代表自然运动的最前沿，中国文化以情感为主导则实现了这个最前沿，其情感的形式实现了力量的新形式，那么每一个中国人都相应地具有责任和义务。

以力量和创造为价值，才不致如流水落花，面向现代化绝不意味着贪心骛奇，结果未获现代化，已获现代病。现代化是力量的现代化，是表现自我的现代化，同时优秀的传统和悠久的历史在于现代的行动力，而不是美好的过去式。

古为今用，洋为中用，踏出国门沐浴新的阳光才是生活。我们不能只停留在当下，因为我们的文化是力量文化，是龙文化！

李汉潮

参考书目

1.《易经》

2.《尚书》

3.《诗经》

4.《道德经》

5.《论语》

6.《庄子》

7.《孟子》

8.《韩非子》

9.《左传》

10.《礼记》

11.《孝经》

12.《春秋繁露》董仲舒

13.《三字经》

14.《游子吟》孟郊

15.《新嫁娘》王建

16.《岳阳楼记》范仲淹